„Lassen Sie uns gemeinsam den Weg gehen,
auf dem Sie genau das bekommen,
womit Sie Ihre gesamte Lebenssituation
nachhaltig verbessern."

Der NETWORK MARKETING UNTERNEHMER

Alexander Riedl

www.rekrutier.de

Rekru-Tier

2. Auflage
© 2020 by REKRU-TIER GmbH, München
www.rekrutier.de

Coverfoto: © iStock/Mari
Covergestaltung: REKRU-TIER GmbH, München
Lektorat, Layout und Satz: Bernhard Edlmann Verlags-
dienstleistungen, Raubling

ISBN 978-3-941412-60-6

Inhalt

Warum ich dieses Buch schrieb

Dieses Buch ist für all diejenigen gedacht, die unzufrieden sind.

Sind Sie zufrieden mit Ihrem aktuellen Job? Sind Sie zufrieden mit den Ergebnissen, die Ihr Network im Moment liefert? Wünschen Sie sich mehr Geschäftspartner, weniger Arbeit und mehr Geld, das Monat für Monat auf Ihrem Bankkonto eingeht?

Dann lassen Sie uns gemeinsam den Weg dorthin gehen, damit Sie genau das bekommen, womit Sie Ihre gesamte Lebenssituation nachhaltig verbessern.

Noch eines, bevor wir beginnen: Ich kann und will Ihnen hier keine Zauberformel liefern, wie Sie von heute auf morgen reich werden. Sondern es geht darum, ein System und eine Strategie aufzuzeigen, wie Sie langfristig Ihr Ziel erreichen.

Ihr Alexander Riedl

Der Network-Marketing-Unternehmer

Lassen Sie uns mit einer zwar einfachen, aber unglaublich wichtigen Frage beginnen: Wer verdient mehr? Der Profi oder der Amateur?

Die Antwort ist klar: Natürlich der Profi!

Und warum ist das so? – Weil der Profi mehr Wissen, größere Fähigkeiten, eine andere Einstellung und wesentlich mehr Erfahrung hat als der Amateur.

Doch all diese Dinge wurden noch keinem in die Wiege gelegt. Wir alle müssen sie erst mit mehr oder weniger großem Aufwand erwerben. Der Profi hat viel Mühe, Aufwand, Zeit, Verzicht und kontinuierliches Training hinter sich gebracht, um letztendlich die Leistung zu erbringen, die ihm eine Profikarriere erst ermöglicht.

Das gilt nicht nur für den Sport – genauso ist es auch im Geschäft. Wenn Sie als Networker ein Amateur in den Bereichen Verkauf, Rekrutierung und Mitarbeiterbindung sind, warum denken Sie dann, dass Sie die Ergebnisse und den Verdienst eines Profis haben sollten?

Wenn Sie wirklich langfristig im Network-Marketing erfolgreich werden wollen, dann müssen Sie zum Profi auf den genannten Gebieten werden – und ebenso noch in vielen weiteren Bereichen.

Und Sie brauchen einen Plan dafür, welche Schritte nötig sind, dass Sie persönlich vom Amateur zum Profi heranreifen.

Ich will an einem Vergleich demonstrieren, worum es hier geht. Nehmen wir an, Sie wollen das Schachspiel erlernen. Rufen Sie ohne Vorkenntnisse gleich beim mehrmaligen Schachweltmeister Garri Kasparow an und fragen ihn, ob er nicht Lust hat, auf ein Spielchen vorbeizukommen, wenn Sie noch nicht einmal wissen, wie ein Schachbrett aussieht?

Natürlich nicht! Sie müssen erst einmal lernen, dass ein Schachbrett 64 Felder hat, wie die Figuren aussehen und wie sie sich im Spiel bewegen. Dann müssen Sie lange üben und trainieren, bis Sie wirklich so weit sind, dass Sie mit Strategien arbeiten und diese für sich anpassen können.

Erst wenn Ihnen das alles in Fleisch und Blut übergegangen ist, können Sie Ihren eigenen Stil entwickeln und diesen perfektionieren.

Und wenn Sie schließlich in der Lage sind, das Schachspiel nicht mehr auf dem Spielbrett, sondern direkt im Kopf Ihres Gegenübers zu gewinnen, dann können Sie eventuell Herrn Kasparow anrufen und einen Termin mit ihm vereinbaren.

Was ich damit sagen will, ist Folgendes: Im Network-Marketing müssen Sie genauso erst einmal das grundlegende Handwerkszeug erlernen und beherrschen, um letztendlich in der obersten Liga bei den Profis mitzuspielen.

In den folgenden Kapiteln werde ich Ihnen alles an die Hand geben, was Sie dafür benötigen.

Sein x Tun = Haben – eine Erfolgsformel

So einfach diese Formel klingen mag, so wichtig ist sie für uns und unser Leben. Dieses Buch geht davon aus, dass Ihr Sein (Sie als Person, Ihr Entwicklungsstand, Ihre Kenntnisse etc.), zusammen mit dem, was Sie tun (Ihrem aktiven Handeln), zu dem führt, was Sie in Ihrem Leben haben.

Oder, ganz simpel ausgedrückt: Wenn wir uns einen mäßig ausgebildeten Networker vorstellen, der in der Anfangszeit nur einmal pro Woche aktiv in seinem Geschäft arbeitet, ist klar, dass er auch nur schlechte bis mäßige Ergebnisse erzielen wird.

Zwar behaupten manche, im Network gäbe es ohne Arbeit viel Geld zu verdienen. Doch das ist eine Lüge!

Damit Sie besser einschätzen können, wo Sie selbst stehen, empfehle ich Ihnen, gleich einmal diese Rechnung für sich aufzustellen – und seien Sie dabei bitte ganz ehrlich zu sich:

█ Bewerten Sie Ihr Sein (Ihre Fähigkeiten und Ihre persönliche Entwicklung) auf einer Skala von 1 bis 10.

█ Versuchen Sie einzuschätzen, wie viel von dem, was ultimativ möglich wäre, Sie aktiv tun. Verwenden Sie dafür wiederum die Skala von 1 bis 10.

Multiplizieren Sie nun diese beiden Faktoren miteinander. Nehmen wir an, Sie haben Ihr Sein und Ihr Tun jeweils mit vier von zehn möglichen Punkten bewertet. Dann kommen Sie auf $4 \times 4 = 16$ als Ergebnis.

Das würde bedeuten, dass Sie Ihrer eigenen Einschätzung nach derzeit 16 Prozent Ihres gesamten Potenzials nutzen, das Ihnen zur Verfügung steht!

Vielleicht ist das Ergebnis bei Ihnen ja deutlich besser ausgefallen. Aber ich vermute, auch Sie haben bei dieser Rechnung die Erkenntnis gewonnen, dass durchaus noch wesentlich mehr „drin" wäre.

Deshalb appelliere ich an Sie: Werden Sie zum Network-Profi, der 10 Punkte im Bereich Persönlichkeit hat, und tun Sie Ihr Möglichstes, damit Sie 10 Punkte für Ihr Tun bekommen. Dann werden Sie unglaubliche Ergebnisse erzielen, die weit über dem liegen, was Sie je für möglich gehalten haben. Das verspreche ich Ihnen.

Passives und aktives Einkommen

Passives Einkommen – das ist eines der Versprechen, die Network-Marketing richtig attraktiv machen. Aber zugleich ist es das Thema, zu dem in unserer Branche die meisten Lügengeschichten erzählt werden.

Einem Neueinsteiger zu erzählen, er könne innerhalb kürzester Zeit ein hohes passives Einkommen erzielen, ist meist nur eine leere Worthülse oder, genauer gesagt, ein willkommenes Lockmittel. Die Realität sieht anders aus. Hier sollte man sich immer die Frage stellen: Wer ist mein Gegenüber, dass er mir etwas Derartiges in Aussicht stellen kann? Ist er der Profi, der wirklich weiß, wie es geht, und der mich auf meinem Weg begleitet? Oder ist er ein motivierter Amateur, der selbst an die „Schnell-reich-werden"-Parolen glaubt, die er irgendwo aufgeschnappt hat?

Natürlich ist es möglich, innerhalb eines gewissen Zeitrahmens ein passives Einkommen im Network-Marketing aufzubauen. Nur ist wichtig zu wissen: **Passives Einkommen setzt immer erst ein hohes aktives Einkommen voraus!**

Warum Sie nicht den Fehler begehen sollten, den ersten vor dem zweiten Schritt zu machen, dürfte Ihnen im Vorfeld klar geworden sein.

Passives und aktives Einkommen

Ich fragte einmal einen sehr erfolgreichen Networker, wie man passives Einkommen aufbaut.

Er sagte zu mir: „Ich habe lieber ein hohes aktives Einkommen als gar kein Geld. Und alles Weitere kommt von selbst."

Selbstverständlich dürfen Sie davon träumen, in Zukunft ein hohes passives Einkommen zu erzielen. **Ihr Tun und Ihre Ausbildung sollten jedoch darauf fokussiert sein, erst einmal viel Geld mit aktiver Arbeit zu verdienen.**

Und wenn Sie das erreicht haben, dann können Sie den nächsten Schritt gehen und sich darum Gedanken machen, wie Sie passives Einkommen erzielen. Im Network-Marketing ergibt sich das bei der richtigen Strategie sogar mehr oder weniger von selbst.

Die Menschen im Network-Marketing

Das wichtigste Kapital des Networkers ist der Mensch. Letztendlich ist Ihr geschäftlicher Erfolg davon abhängig, wie viele Menschen Sie von Ihrer Idee und Ihrer Vision überzeugen können.

Je mehr Leute davon überzeugt sind, dass Ihre Produkte gut sind, und je mehr Leute hoffen, dass sie mit Ihrer Hilfe eine Verbesserung ihrer persönlichen Situation erreichen können, desto mehr werden Sie auch verdienen.

Natürlich ist nicht jeder Mensch gleich. Im Folgenden will ich Ihnen anhand von Modellen aufzeigen, welche vier Persönlichkeitstypen es im Network-Marketing gibt. Wirklich relevant sind eigentlich nur drei, denn einer dieser Typen ist ein Mythos, der in der Realität – leider – so gut wie gar nicht vorkommt.

Typ 1: Der Mythos

Ich fange gleich mit ihm an: dem viel besprochenen, von jedem herbeigewünschten Outperformer, dem Supermann der Networklandschaft.

Er ist ein absoluter Durchstarter, der sofort nach seinem Einstieg in ein MLM ein hohes, immer weiter steigendes, rein passives Einkommen erzielt. Der perfekte Kandidat für jedes Rekrutierungsgespräch und Wunschpartner für jedes Network!

Aber wollten wir eine solche Karriere nicht alle machen und schien sie nicht in greifbarer Nähe, als wir uns dazu entschlossen, in einem Network-Marketing-System einzusteigen?

In der Realität gelingt ein derart steiler Aufstieg jedoch leider nur ganz, ganz wenigen – in den meisten Fällen sind es Menschen, die auch vorher schon ausnehmend erfolgreich waren.

Im Regelfall kann man daher die Vertriebspartner in den Networksystemen einer der nächsten beiden Gruppen zuordnen: den „Hochmütigen" oder den „Lowperformern". Wenn Sie darin sich oder auch den einen oder anderen Ihrer Partner wiedererkennen, dann bitte ich Sie einfach nur um etwas Geduld. Die Rettung liegt näher, als Sie denken!

Typ 2: Der Hochmütige
Kennen Sie den Spruch: „Hochmut kommt vor dem Fall"? Sicherlich hatten auch Sie in Ihrem Geschäft schon mit Menschen zu tun, die nach ihrem Einstieg in ein Network innerhalb von kürzester Zeit unglaubliche Erfolge erzielten. Solche Shootingstars verkaufen große Mengen Produkte und sind in der Lage, fast jeden für ihr neues, geniales Geschäft zu begeistern.
So entsteht innerhalb kürzester Zeit ein beachtliches aktives und passives Einkommen, und der Weg in den Olymp scheint bereits vorgezeichnet zu sein.

Doch plötzlich wandelt sich das Bild, die Verkäufe brechen ein und die Downlinepartner verlassen geradezu fluchtartig die Struktur. Bevor der Durchstarter überhaupt erfasst hat, was passiert ist, findet er sich wieder alleine und mit nur geringen Umsätzen in einer schwierigen Situation wieder.

Es ist nur zu hoffen, dass er über ausreichende Ersparnisse verfügt oder den Schritt in die Hauptberuflichkeit noch nicht getan hat, sonst stehen ihm ernsthafte Probleme bevor.

Doch warum passiert so etwas?
Ich bin mir sicher, dass es in über 90 Prozent der Fälle der Mangel an Erfahrung und Kontinuität war, der zum Zusammenbruch des Systems geführt hat.

Wenn der Kopf einer Struktur innerhalb kürzester Zeit so beeindruckende Erfolge erzielt, ist das ein typischer Fall von Anfängerglück: denn Anfängerglück beruht darauf, dass jemand noch keine Erfahrungen hat und deshalb nicht weiß, was alles eigentlich gar nicht funktionieren kann.

Das ist wie bei einer Hummel: Wissenschaftler haben ausgerechnet, dass deren Flügelgröße eigentlich gar nicht ausreicht, um ihr Gewicht in die Luft zu heben. Doch wie wir alle wissen, können Hummeln trotzdem fliegen. Wahrscheinlich liegt es nur daran, dass sie über ihre Flugunfähigkeit nicht Bescheid wissen!

Und genau hier liegt der springende Punkt: Was passiert, wenn unser Shootingstar plötzlich erkennt, was für ein komplexes Geschäft Network-Marketing in Wirklichkeit ist?

Entweder er unternimmt die richtigen und wichtigen Schritte und schafft so den Sprung zu einem professionellen Network-Marketing-Unternehmer. Oder das in kurzer Zeit aufgerichtete Gebäude stürzt zusammen wie ein Kartenhaus bei Windstärke zehn.

Was dem Hochmütigen fehlt, ist ein stabiles Fundament, auf dem er seine Firma aufbauen kann.

Doch es gibt auch Menschen, die bauen jahrelang mit ungeheurem Aufwand an einem Fundament, ohne jemals den ersten Stein zu setzen und so ihr System wachsen zu lassen.

Typ 3: Der Lowperformer oder Durchschnittsnetworker

Der wohl häufigste Grund für die Aufgabe des Network-Marketing-Geschäfts ist die dauernde Erfolglosigkeit der Geschäftspartner.

Natürlich ist „Erfolg" immer eine relative Größe. Wenn jemand das Ziel hat, jeden Monat 300 oder 400 Euro nebenbei zu verdienen, dann wird er mit dem Status eines Durchschnittsnetworkers möglicherweise zufrieden sein.

Aber diese Gruppe klammere ich hier ausdrücklich aus. Wenn wir ehrlich zu uns selbst sind, sind wir doch nicht wegen ein paar Hundert Euro extra im Monat angetreten.

Ich denke, dass es das Ziel eines jeden Unternehmers (nichts anderes sind Sie ja als Networker) ist, für sich, seine Familie und die ihm nahestehenden Menschen einen gewissen Lebensstil zu finanzieren. Da kann es doch nicht sein, dass Sie nach einem Achtstundentag noch eine Reihe von Kunden abklappern, um ihnen Nahrungsergänzungen zu verkaufen.

Doch genau so ein Typ ist der Lowperformer: Sein Einkommen erreicht nie eine Größenordnung, ab der echtes Momentum entstehen könnte; fast alle Umsätze müssen mit viel Aufwand selbst generiert werden, und eigentlich finanziert der Hauptjob das „Hobby" Network-Marketing.

Von einer Hauptberuflichkeit wird zwar gern geredet, aber beim Reden bleibt es, und der Traum von einer großen Downline mit guten Umsätzen ist in weite Ferne gerückt. Viel eher wundert sich der Lowperformer, warum der bereits vor Ewigkeiten gesponserte, aber schon seit 18 Monaten inaktive Partner nicht mehr auf Motivationsanrufe und E-Mails reagiert.

Eine Regel in der Natur besagt: Was nicht wächst, das stirbt. Und genau deshalb ist es nur eine Frage der Zeit, bis auch hier das Ende der Karriere ansteht.

Ich weiß, dass es vielen Networkern so ergeht wie gerade beschrieben. Falls Sie sich ganz oder auch nur teilweise wiedererkannt haben, ist das aber noch lang kein Grund, die Flinte ins Korn zu werfen.

Stattdessen fordere ich Sie auf, den Kopf zu heben, die Schultern zu straffen und zu Typ 4 auf meiner Liste zu werden: zum Network-Marketing-Unternehmer!

Typ 4: Der Network-Marketing-Unternehmer

Der Network-Marketing-Unternehmer ist für mich ein absolut zentrales Konzept, da ich Professionalität und Wissen in der Networkbranche für extrem wichtig halte.

Normalerweise arbeiten Sie hier mit Laien zusammen, die nur über minimales Vorwissen verfügen und in den seltensten Fällen Verkaufs- oder Führungserfahrung mitbringen. Darum ist es umso wichtiger, dass *Sie* sich informieren und alles in sich aufzusaugen, was Sie sich an Wissen über die Branche und Ihr Geschäft aneignen können.

So kommen wir weg vom „Schnell-reich"-Konzept und hin zum „Auf-richtige-Weise-reich"-Modell des Network-Marketing-Unternehmers:

■ Nach (oder besser noch vor) seinem Einstieg weiß der Network-Marketing-Unternehmer schon genau, was zu tun ist. Er kennt die Disziplinen, die es zu beherrschen gilt, arbeitet an sich und seinem Geschäft, ohne sich durch Rückschläge entmutigen zu lassen.

Sobald er sich eingeschrieben hat, absolviert er seine aktiven Verkäufe bei seinen Bekannten und Verwandten. Eine seiner Führungskräfte rekrutiert gleichzeitig aus seiner Namensliste die ersten Partner.

Während er sein erstes aktives Einkommen aus den Verkäufen bezieht, bildet er sich anhand von Büchern, Videos und Schulungen in den Bereichen Potenzialbeschaffung und Mitarbeiterführung weiter.

Ohne seine Verkaufstätigkeit zu vernachlässigen, kümmert er sich um seine neuen Partner. Es ist jetzt so weit, dass er die ersten eigenen Sponsorgespräche führt.

In diesen Zeiten des Verzichts und der knappen Zeit gibt er sich selbst das Versprechen, sein Bestes zu geben und seiner Familie das Leben zu ermöglichen, das sie verdient hat. Er besucht Seminare, beschäftigt sich mit Literatur, die ihn weiterbringt, und tut alles dafür, persönlich zu wachsen und zu lernen, was für den Erfolg im Network-Marketing nötig ist.

Langsam beginnen die Geschäftspartner zu erkennen, mit welcher Ernsthaftigkeit der Network-Marketing-Unternehmer an die Sache herangeht. Sie eifern ihm nach, beginnen sich selbst weiterzubilden und suchen seine Nähe. Langsam entsteht ein Team, das gemeinsam wächst und dessen Mitglieder sich gegenseitig unterstützen.

■ Nun kommt die schwierigste Phase für den Network-Marketing-Unternehmer: Das Geld reicht noch nicht für eine Hauptberuflichkeit, und die knapp bemessene „Freizeit" muss vollständig in das Sponsern/Rekrutieren und die Ausbildung von neuen direkten Partnern investiert werden. Zudem wollen auch andere Partner die Unterstützung und Hilfe der mittlerweile gewachsenen Führungskraft.

■ Ist diese Phase überstanden, fängt es erst wirklich an, Spaß zu machen: Der Network-Marketing-Unternehmer verdient mittlerweile so viel Geld, dass er seinen Hauptjob an den Nagel hängen und sich auf sein Network konzentrieren kann. Seine Eigenverkäufe spielen kaum mehr eine Rolle, er sieht seinen Job darin, neue Partner zu rekrutieren und auszubilden.

■ Er bildet sich weiter in den Themen Mitarbeiterführung und -bindung und kümmert sich intensiv um alle Menschen in seiner Downline, die Potenzial besitzen. Denn er erkennt, wer wirklich den Willen hat, mit ihm den Weg an die Spitze zu gehen. Diese Partner unterstützt er nach Kräften.

So entsteht mit der Zeit ein stabiles Network-Marketing-System, das kontinuierlich wächst und ein sehr gutes Einkommen erzeugt. Es ist gelungen, Führungskräfte heranzubilden, die in der Lage sind, selbstständig zu arbeiten, und die sich kontinuierlich weiterentwickeln.

Jetzt erst beginnt die Zeit der Ernte für den Network-Marketing-Unternehmer: Er kann seine Zeit besser einteilen, sich wieder öfter seiner Familie und seinen Hobbys widmen und die Vorzüge genießen, die ein hohes Einkommen mit sich bringt. Seine Hauptaufgaben sind die Steuerung seiner Struktur, das Referieren auf Meetings und anderen Veranstaltungen sowie die moralische und fachliche Unterstützung seiner Partner.

Wenn Sie jetzt tief in sich hineinhören, dann wissen Sie, dass ich recht habe.
Schnellen, nachhaltigen Erfolg ohne Aufwand gibt es nicht! Network-Marketing bietet Ihnen so viele Chancen und Möglichkeiten – aber nur wenn Sie bereit sind, diese zu nutzen und etwas dafür zu *tun!*

Doch wie werden Sie zum Network-Marketing-Unternehmer? Was ist Ihre Aufgabe und was müssen Sie lernen, um sich das Leben zu ermöglichen, das Sie sich wünschen?

Denken Sie hier an meine Formel zurück:
Sein x Tun = Haben!

Welche Fähigkeiten Sie erwerben müssen, wie Sie Ihre Persönlichkeit weiterentwickeln müssen und was Sie zu tun haben, um ein echter Network-Marketing-Unternehmer zu werden, habe ich in den nächsten Kapiteln für Sie zusammengestellt.

Die sechs Hauptdisziplinen des Network-Marketing-Unternehmers

1 Verkauf

Am Anfang Ihrer Networkerkarriere haben Sie einen einzigen Job: Sie sind Verkäufer!

Verkäufer? Was soll das denn jetzt? – So werden Sie sich vielleicht fragen. Wo ich doch angekündigt habe, Ihnen zu zeigen, wie man zum Network-Marketing-Unternehmer und nicht, wie man zum Verkäufer wird!
Das stimmt auch. Aber der Verkauf ist eben der erste Schritt dorthin. Wenn Sie nicht bereit sind zu verkaufen, dann hören Sie bitte hier zu lesen auf und rufen Ihren Sponsor an, dass Sie sich entschieden haben, nicht weiter im Network tätig zu sein.

Network-Marketing ist Verkauf! Anfangs verkaufen Sie Produkte, und danach verkaufen Sie in den Einstellungs- und Sponsorgesprächen die „Chance Strukturvertrieb".

Sie müssen sowieso jeden Tag etwas verkaufen: nämlich sich selbst! Und wenn Sie diese Disziplin beherrschen und Freude daran empfinden, haben Sie schon die halbe Miete. Mit Verkauf meine ich also nicht, dass Sie Ihr Leben lang mit einem Köfferchen herumrennen und einzelnen Personen erklären, was Produkt XY für Vorteile bringt.

Verkauf wird für Sie langfristig bedeuten, sich erst regional und dann bundesweit einen Ruf als fähiger Unternehmer aufzubauen, der viel Geld verdient und der ein System anbietet, welches das Leben der Menschen in vieler Hinsicht bereichert.

Aber auch hier müssen Sie mit den Basics anfangen und zum Kunden gehen.
Natürlich sollten Sie zu diesem Thema Bücher lesen und Seminare besuchen. Doch der entscheidende Baustein ist die Praxis. Ein persönlicher Besuch bei einem Kunden, egal ob erfolgreich oder nicht, ist ein noch wesentlich besserer Lehrer, als es ein Buch je sein könnte!

Zeigen Sie zum Start, dass Sie es ernst meinen. Informieren Sie sich, und dann gehen Sie zum Kunden und zeigen, was Sie drauf haben.
Auch wenn Sie noch nie etwas mit Produktverkauf zu tun hatten, wird dies Ihr Leben bereichern. Oder in diesem Fall erst recht! Das verspreche ich Ihnen.

2 Recruiting (Gruppenaufbau)

„Erst stimmt die Chemie, und dann stimmt auch das Geschäft!" – Mit dieser Grundannahme empfehle ich Ihnen Ihr Geschäft aufzubauen.

Machen Sie die Menschen zu Freunden, lernen Sie sie kennen, und wenn die Chemie stimmt, dürfen Sie Ihrem

Gegenüber gerne anbieten, von der wunderbaren Chance Network-Marketing mit Ihnen zusammen zu profitieren.

Wer sind Sie, was tun Sie, und was können Sie mir bieten, dass ich bei Ihnen einsteige? – Das sind die drei Fragen, die sich jeder Interessent stellt, wenn Sie mit ihm über Ihr Geschäft sprechen.

Wenn Sie ein guter Freund sind oder ein bekannter Geschäftsmann, wenn Sie Ihr Leben dafür geben, Ihre Firma nach oben zu bringen, und wenn Sie langfristige und aussichtsreiche Perspektiven und professionelle Unterstützung anbieten, die zum sicheren Erfolg führen – wie, denken Sie, stehen dann Ihre Chancen, Ihr Gegenüber in einem persönlichen Gespräch zu gewinnen?
Verdammt gut, oder sehen Sie das anders?!

Doch warum ist es denn so schwer, jemanden für sein Network zu begeistern?
Meist liegt es daran, dass ein schlecht informierter oder schlecht vorbereiteter Networker entfernte Bekannte auf unprofessionelle Weise zu überreden versucht, bei einer Sache mitzumachen, von der sein Gegenüber keine Ahnung hat und von der er selbst noch gar nicht genau weiß, wie lange er eigentlich dabeibleiben will. Und dann wird erwartet, dass jemand aufgrund einer mangelhaften Information und nicht abzuschätzender Risiken einfach einmal mitmacht.

Wie gut stehen da die Chancen auf Erfolg? – Diese Frage können Sie sich selbst beantworten.

Ich weiß, dass sehr viel so gearbeitet wird, und ich habe den Verdacht, dass auch manche meiner Leser dies tun. Doch dass Sie dieses Buch lesen, zeigt ja, dass Sie bereit sind, etwas zu verändern und dazuzulernen.

Deshalb kann ich Ihnen nur empfehlen, so viel wie möglich über die Networkbranche zu lernen, zu lesen und sich weiterzubilden. Es gibt unzählige Bücher, CDs und Informationen im Internet über dieses Thema.
Lesen Sie Branchenmagazine und wägen Sie ab, welche Information Ihnen hilfreich sein kann. Je mehr Sie wissen und je aufgeklärter Sie sind, desto besser können Sie argumentieren.
Kaufen Sie sich Bücher über Erfolg und Verkauf und lesen Sie diese, wann immer Sie können. Und wenn Sie noch kein Geld haben, dann leihen Sie sich diese in der Bücherei aus. Es ist egal, von welchem Punkt aus Sie starten, der Moment für den Schritt der Veränderung ist genau jetzt!

Aber um nicht nur im Kopf, sondern auch im tatsächlichen Leben ein guter Recruiter zu werden, gibt es wieder nur eines: Praxis, Praxis und noch einmal Praxis.
Ich habe einmal mit einem sehr erfolgreichen Networker gesprochen und ihn gefragt, wie man die Fähigkeit zum Gruppenaufbau am besten erlernt.

Seine Antwort war einfach: „Mach 100 Gespräche, danach kannst du es."

So simpel es zu sein scheint, diesen Ratschlag umzusetzen: Es erfordert einiges an Vorbildung, an Fähigkeiten und vor allem an Durchhaltevermögen, um diese Zahl zu absolvieren.

Das Wichtigste dabei ist, sich keinem Druck auszusetzen. Denn so wie die Physik kennt auch der Erfolg den Grundsatz: „Druck erzeugt immer Gegendruck." Doch dazu später mehr.

Zuerst möchte ich Ihnen zeigen, welche Fertigkeiten Sie sich aneignen müssen.

Die Namensliste

Die Erstellung einer Namensliste ist wohl eine der effektivsten Methoden, um die ersten Erfolge im Network-Marketing zu bewirken. Leider wird sie vernachlässigt und immer weniger angewandt, da offenbar vielen Recruitern eine ihrer wichtigsten Aufgaben nicht mehr bewusst ist: nämlich die neuen Partner wirklich an ein Geschäft heranzuführen.

Wenn Sie ein ernsthafter Network-Marketing-Unternehmer werden wollen, dann sollten Sie wissen, wie man eine professionelle Namensliste anfertigt und mit dieser arbeitet.

Und das Wichtigste ist, dass Sie sich selbst eine anlegen und so ein Vorbild für Ihre Geschäftspartner werden.

Potenzialbeschaffung durch Empfehlungen

Potenzialbeschaffung, also das Generieren und Sammeln von Kontaktdaten (Telefonnummern), ist das Herzblut eines jeden Vertriebes. Es geht immer um die eine Frage: „Wo kommen die neuen Interessenten her?"

Auf diese Frage gibt es eine Vielzahl von Antworten:
- Telefonakquise
- Direktkontakt
- Empfehlungen
- Internet
- Flyeraktionen

Und so weiter, und so fort ...

Die beiden, die ich für am geeignetsten halte, sind der **Direktkontakt** (dazu gibt es ein Buch von mir: „Direktkontakt – Die Offenbarung eines Mythos!") und **Empfehlungen.**

Empfehlungen sind sicherlich der zuverlässigste Weg, aber auch der, der am meisten Zeit und Aufwand benötigt. Damit ich durch den etwas hochtrabend klingenden Begriff niemanden abschrecke, erkläre ich das Prinzip gern so: „X hat etwas Gutes, von dem ich begeistert bin, darum erzähle ich das meinem Freund Y, damit der davon auch profitieren kann."

So einfach ist das! Und es ist das Modell, von dem auch viele Ärzte, Rechtsanwälte, Steuerberater etc. profitieren.

Ein guter Grund für Sie, das auch zu tun! Erweitern Sie Ihren Bekanntenkreis und sorgen Sie dafür, dass Sie als angenehmer, informierter und aufrichtiger Gesprächs- partner wahrgenommen werden. Sehr günstig ist es, wenn Sie es schaffen, sich als Experte zu positionieren – sinnvollerweise auf einem Gebiet, das mit Ihrem Produkt zu tun hat.

Tun Sie Ihren alten und neuen Freunden Gutes – und verzichten Sie auf aggressive Werbung für Ihr Geschäft. Wenn die menschliche Basis stimmt und alle, die mit Ihnen zu tun haben, die Ernsthaftigkeit Ihres Vorhabens erkennen, dann wird es viele geben, die ganz von selbst auf Sie zukommen.
Lassen Sie Ihrem Umfeld Zeit, sich auf die Situation und auf Ihre neue Funktion einzustellen, und fallen Sie nicht mit der Tür ins Haus.

Ich denke, Sie haben eine Vorstellung davon bekommen, wie Sie die Sache angehen müssen. Vielleicht wird es noch deutlicher, wenn ich Ihnen auch zeige, wie Empfeh- lungsmarketing garantiert *nicht* funktioniert.

Stellen Sie sich doch einmal Folgendes vor: Sie sind dafür bekannt, nur etwa einmal pro Jahr auf einer Grillparty Ihrer Freunde zu erscheinen, sind von Beruf Sachbearbei- ter bei einer Versicherung und haben im Übrigen noch bei 30 Prozent Ihrer Freunde Schulden.

Was glauben Sie, was passiert, wenn Sie eines Tages plötzlich zur großen Businesspräsentation für das Geschäft des Jahrhunderts einladen? Bei der es um ein System geht, mit dem jeder ganz einfach und schnell reich wird?

Ich denke, man kann es sich ziemlich leicht ausmalen: nämlich gar nichts! Außer vielleicht, dass Sie zur nächsten Grillparty nicht mehr eingeladen werden.

Das mag zwar etwas drastisch klingen, entspricht aber in vielen Fällen der Realität. Machen Sie es sich daher zur Aufgabe, den Menschen Aufmerksamkeit zu schenken, und zeigen Sie dann denjenigen, die es ernsthaft wollen, den Weg, auf dem sie mit Ihnen zusammen in Richtung Erfolg marschieren können.

Empfehlungen aus der Namensliste Ihrer Partner heraus sind ein grandioser Weg, um weitere Mitarbeiter zu gewinnen. Denn diese Menschen kommen ja sozusagen aus Ihrem eigenen Kreis, daher können Sie ihres Vertrauens sicher sein. Gehen Sie bitte auch hier freundlich, aber bestimmt vor, genauso wie bei Ihren eigenen Freunden.

Lernen Sie erst den Menschen kennen. Denn, wie gesagt, erst stimmt die Chemie, und dann stimmt auch das Geschäft!

Die hier empfohlene Art der Potenzialbeschaffung braucht Zeit und erfordert eine Menge persönlichen Aufwand. Doch das lohnt sich!

Aber was können Sie tun, um sich für die Suche nach Partnern ganz neue Personenkreise zu erschließen?

Potenzialbeschaffung per Direktkontakt

Im Prinzip können Sie einfach immer und überall, wo Sie stehen und gehen, nach Menschen Ausschau halten, die Ihnen sympathisch sind. Wenn das auf der Straße, im Restaurant oder im Einkaufsladen passiert, dann sprechen Sie die betreffende Person an und testen aus, ob sich Ihre Vermutung bestätigt. Wenn dann beiderseitiges Interesse besteht, können Sie die Kontaktdaten austauschen und sich auf ein intensiveres Treffen verabreden. So einfach geht das!

Sie sollen also lernen, zu Menschen Kontakt aufzunehmen, die so sind wie Sie: kommunikativ, freundlich, sympathisch etc. ...
Und Menschen wie Sie sind sicherlich auch gut geeignet, um Ihnen dabei zu helfen, ein großes Network-Marketing aufzubauen.

Das Telefonat auf den Direktkontakt

Wenn Sie dann die Telefonnummer einer fremden Person haben, dann geht es ans Telefonieren. Für mich war das anfangs der schwierigste Teil. Was sage ich und wie sage ich es? Das Telefon schien mir etwa 10 000 Grad Celsius zu haben, und ich traute mich nicht, den ersten Kandidaten anzurufen, um einen Termin zu vereinbaren.

Doch das hat sich schnell gelegt. Wie auch beim Sponsor-gespräch macht hier Übung den Meister.

Legen Sie sich doch ein Telefonkonzept an, welches Sie benutzen können, um den Faden nicht zu verlieren.

Wichtig ist außerdem noch eine aufrechte Haltung und ein *Lächeln!* Wohlgemerkt: Auch wenn Sie Ihr Gegenüber nicht sieht, sollten Sie lächeln. In manchen Callcentern stehen sogar Spiegel, über die sich die Mitarbeiter beobachten können.

Wenn ich nervös bin oder mit einer höhergestellten Persönlichkeit telefoniere, dann stehe ich gerne auf. Auch andere haben mir bestätigt, dass das hilft, die Nervosität abzubauen.

Ganz wichtig beim Telefonieren und ebenso später im Rekrutierungsgespräch ist auch der **Small Talk**. Das „kleine Gespräch" bzw. das Gespräch über die kleinen Dinge zu beherrschen, ist eine unabdingbare Fähigkeit für jeden Networker. Am Telefon und auch „live" sollten Sie fähig sein, ein angenehmer und interessanter Gesprächspartner zu sein.

Zeigen Sie ernsthaftes Interesse an Ihrem Gegenüber und versuchen Sie es hinzubekommen, dass Sie selbst nur 30 Prozent der Zeit sprechen und er oder sie 70 Prozent. So können Sie heraushören, was diesem Menschen wichtig ist, um dann letztendlich den Übergang zu Ihrem Geschäft zu schaffen.

Wenn Sie bei Ihrem Gegenüber sympathisch ankommen, wissen, wovon Sie sprechen, und wenn Sie den festen Willen haben, eine großartige Networkorganisation aufzubauen, haben Sie die besten Chancen, Ihr Gegenüber zu überzeugen.

3 Marketing

Marketing ist ein so großer Bereich und ein so komplexes Thema, dass darüber bereits Tausende von Büchern erschienen sind. Dabei ist mit dem Begriff eigentlich nur gemeint, dass man dem potenziellen Kunden Signale und Impulse sendet, um seine Aufmerksamkeit zu gewinnen um ihn zum Kauf zu bewegen.

Als Networker werden Sie unbewusst und später auch bewusst Marketing betreiben. Das ergibt sich ja schon aus dem Namen Network-Marketing: Übersetzt bedeutet das schließlich nichts anderes als ein Netzwerk aus Menschen, das andere auf ein Produkt aufmerksam macht.
Doch nicht nur Ihre Kunden, sondern auch Ihre Mitarbeiter müssen auf Sie aufmerksam gemacht werden. Und wenn sie einmal aufmerksam sind, darf das Interesse nicht erlahmen. Daher sollten Sie nach dem Motto „Steter Tropfen höhlt den Stein" dafür sorgen, dass Ihre Kunden und Downlinepartner immer wieder neuen Input bekommen.
Im Folgenden habe ich einige Marketingmaßnahmen für Sie aufgelistet, die besonders gut für Networker geeignet

sind. Ich beginne mit der einfachsten und steigere mich bis hin zu den Maßnahmen, die Sie ergreifen können, wenn Sie eine größere Downline aufgebaut haben.

Visitenkarten

Bei Visitenkarten sollten Sie darauf achten, dass sie einen professionellen Eindruck hinterlassen. Wenn Sie kein Geld für ordentliche Karten haben, dann schreiben Sie Ihre Telefonnummer lieber auf einen Zettel oder Ähnliches.

Vermeiden Sie im Text, der Ihr Geschäft kurz charakterisiert, unbedingt Begriffe wie „Erfolg", „Reichtum" etc. – das wirkt schlicht und ergreifend unprofessionell und damit abschreckend!

Ihr Internetauftritt

Beim Internetauftritt gilt das Gleiche wie bei den Visitenkarten: entweder ordentlich oder gar nicht! Allerdings gehört eine Homepage heutzutage fast schon dazu. Lassen Sie aber an diese Dinge nur Profis heran und sorgen Sie für ein ordentliches und frisches Design.

Ratsam ist auch die Mitgliedschaft in den wichtigsten Social Networks (Facebook, XING). Eine weitere Möglichkeit, um Interessenten, Kunden und Geschäftspartner dauerhaft an sich zu binden, wäre, dass Sie einen regelmäßigen (!) Blog schreiben.

Etwas kostenintensiver wird es, wenn Sie sich eine sogenannte „Corporate Identity" schaffen lassen. Das ist die umfassende grafische Gestaltung von der Visitenkarte über die Internetseite bis hin zum Briefkopf. Damit erhöhen Sie Ihren Wiedererkennungswert ungemein.

Flyer und Imagebroschüren

Sollte Ihre Firma keine Flyer o. Ä. herausgeben oder Sie haben selbst gute Ideen, wie Sie Ihr Geschäft auf diese Weise vermarkten könnten, dann sollten Sie ins Auge fassen, eigene Flyer drucken zu lassen und diese zu verteilen. Wenn Sie dabei aber Logos oder Ähnliches benutzen, holen Sie bitte vorher die Erlaubnis des Unternehmens ein!

Für viel wichtiger halte ich jedoch eine Art Imagebroschüre, mit der Sie den Menschen erklären: „Das sind wir, das tun wir und da wollen wir hin!" Diese können Sie zusammen mit Ihrem Team ausarbeiten und von einem Designer erstellen lassen. Zeigen Sie sich von Ihrer besten Seite und machen Sie klar, warum es den Menschen Vorteile bringt, bei Ihnen einzusteigen. Solche Broschüren sind sehr gute Informationsboten und helfen auch Ihren neuen Partnern, Glaubwürdigkeit aufzubauen.

Vorträge

Ob Sie es glauben oder nicht: Wenn Sie an der Spitze angekommen sind, werden Vorträge eine der häufigsten Aufgaben für Sie werden. Dabei geht es darum, anderen zu vermitteln, wie Sie es geschafft haben, so weit zu kommen. Wenn Sie in diesem Stadium sind, werden die

Menschen von allein zu Ihnen kommen und fragen, ob sie mitarbeiten dürfen.

Aber ich rate Ihnen, sich schon vorher langsam an das Thema heranzutasten☺: Ab dem Zeitpunkt, wenn Sie drei oder mehr Partner haben, sollten Sie regelmäßig Meetings und Vorträge halten, um Ihre Partner auszubilden und zu motivieren. Das muss nicht immer im Rahmen einer großen Veranstaltung stattfinden. Es geht in erster Linie darum, die Menschen an sich zu binden und mit Informationen zu versorgen.

Geben Sie alles weiter, was Sie wissen, und wenn es das Budget erlaubt, dann holen Sie sich einen unabhängigen Trainer ins Haus, der für Sie die Motivation oder Ausbildung Ihrer Mannschaft übernimmt.

(Rekrutierungs-)Events

Eine wunderbare Möglichkeit, Menschen zusammenzubringen und neue kennenzulernen, sind Events.

Dabei muss es nicht einmal etwas Großes sein. Sie können einfach auch einmal einen Grillabend bei sich zu Hause oder am See veranstalten.

Und wenn das Budget ausreicht, sind Informationsabende, Seminare oder Ähnliches empfehlenswert, um neue Interessenten anzulocken und diese kennenzulernen.

Im Prinzip sind alle Arten von Aktivitäten sinnvoll, durch die Sie bekannter werden und durch die Ihre Partner eine klare Vorstellung bekommen, wohin die Reise geht. Sie könnten etwa auch Sponsorings und Charityaktionen in Ihr Portfolio aufnehmen.

Hauptsache, Sie werden positiv wahrgenommen und können kommunizieren, dass Sie ein Mensch sind, bei dem es sich lohnt hinzuhören, wenn er beziehungsweise seine Firma etwas zu sagen hat.

4 Führung

Haben oder hatten Sie schon Menschen in Ihrer Downline, die keinen Umsatz gemacht haben? Oder welche, die unzuverlässig waren und anstelle zu handeln nur geredet haben?

Haben Sie sich über diese Menschen geärgert? Wenn ja, dann kann ich Ihnen die Person nennen, die wirklich dafür verantwortlich ist: Sie selbst!

Das klingt jetzt vielleicht hart. Aber es zeigt sich immer wieder, dass ein in Networkerkreisen wohlbekannter Satz voll und ganz berechtigt ist: **„Du bekommst immer die Mitarbeiter, die du verdienst."**

Wenn also ein Partner nicht in der Lage ist, eine Downline aufzubauen oder Produkte abzusetzen, dann müssen Sie sich an die eigene Nase fassen. Sie haben ihm nicht erklärt, was zu tun ist, bzw. Sie haben es nicht so gemacht, dass er es versteht und danach handeln kann.

Die Gesetze des Network-Marketing sind sehr einfach, und genau deshalb tun sich so viele schwer damit. Die entscheidende Erfolgsbremse in diesem Geschäft ist nicht die Firma oder das Produkt – es ist der Mensch selbst. Wie soll ein nebenberuflicher Mitarbeiter ohne Vorwissen erkennen, was zu tun ist? Und wie soll er diese Erkenntnis in seinem wahrscheinlich sowieso schon stressigen Alltag dann auch wirklich umsetzen? Wir unterliegen schließlich alle gewissen Pflichten und haben immer und immer wieder mit den Widrigkeiten des Lebens zu kämpfen. Aber wenn wir einige Zeit durchstehen und das tun, was getan werden muss, können wir dorthin kommen, wo wir eigentlich sein wollen.

Wenn Sie große Leistungen vollbringen und die Bereitschaft der Menschen erhöhen wollen, mit Ihnen in eine goldene Zukunft zu ziehen, dann müssen Sie sich an eine Regel halten: **Erwarten Sie niemals etwas von einem anderen, das Sie nicht auch selbst tun.**

Seien Sie der Vorreiter, der Outperformer in Ihrem Team. **Der Mensch lernt am meisten durch Nachahmung.** Wir alle haben bei unserem Umfeld und unseren Eltern gelernt, wie man sich zu verhalten hat und wie das Leben funktioniert. **Zeigen Sie Ihren Partnern also durch Ihre Leistung, was zu tun ist, und sie werden folgen.**

Natürlich sind nicht alle Menschen dazu in der Lage, im Network-Marketing erfolgreich zu werden. Dafür gibt es die verschiedensten Gründe, und nicht jeder meistert die

Herausforderungen, denen er sich in diesem Zusammen-hang stellen muss.

Geben Sie deshalb Ihre Unterstützung nicht unreflektiert denjenigen, die sie am meisten nötig haben, sondern denen, die sie verdienen. Eine der wichtigsten Vorausset-zungen für einen erfolgreichen Networker ist die Bereit-schaft, zu lernen und sich weiterzuentwickeln.

Damit will ich aber nicht einer brutalen Selektion aller momentan leistungsschwachen Partner das Wort reden. Wenn Sie sehen, dass ein neuer Partner zwar absolut leistungswillig ist, aber aus irgendwelchen Gründen aktu-ell (noch) nicht die erwarteten Ergebnisse bringen *kann,* dann geben Sie ihm Zeit zur Entwicklung, unterstützen Sie ihn nach Kräften und bieten ihm die Gelegenheit, sich immer weiter zu verbessern. Schon oft hat sich im Net-work-Marketing ein hässliches Entlein zum strahlenden Schwan gemausert.

5 Bindung

Wann mögen Sie einen Menschen? Und wann mag Sie ein Mensch?

Bei der Entstehung von Sympathie spielt meist eine große Rolle, dass Menschen gleiche Interessen haben. Wenn Sie beispielsweise begeisterter Segler sind und einen an-deren Segler kennenlernen, dann haben Sie gleich ein ge-meinsames Gesprächsthema. Höchstwahrscheinlich lie-ben Sie es beide, mit einer steifen Brise über die Wellen zu fegen, sich den Wind um die Nase wehen zu lassen und den Geschmack des aufgewirbelten Wassers auf der Zunge zu spüren.

Gemeinsame Begeisterung für eine Sache bringt Menschen zusammen – und genauso läuft das auch in Ihrem Geschäft.
Wenn Sie mit Leuten zusammenarbeiten, die auf dem Weg der Veränderung sind, die gemeinsam neue Wege beschreiten und die dieses Geschäft genauso lieben, wie Sie es tun, dann haben Sie beste Chancen auf Erfolg.
Gemeinsam die gleichen (oder zumindest ähnliche) Ziele zu verfolgen, ist eine große Macht. Begeisterung, Identifikation und Antrieb lassen sich in einer Gruppe viel leichter erzeugen als bei einem Einzelkämpfer.

Als Networker müssen Sie, wenn Sie es noch nicht sind, vom Einzelkämpfer zum Teamplayer werden. Und um wirklich erfolgreich zu werden, müssen Sie sogar noch einen Schritt weiter gehen: **Sie müssen sich selbst zurückstellen und Ihren Partnern dabei helfen, ihre Ziele zu erreichen!**

Das ist die Genialität dieses Systems: Wenn Ihre Partner die gesteckten Ziele erreichen, dann erreichen Sie selbst die Ihren automatisch. Darum müssen Sie nicht nur Führungskraft, sondern vor allem auch guter Freund sein. Denn nur der gute Freund weiß, was den anderen wirklich bewegt und wie man ihm helfen kann, seine Ziele zu erreichen. Und gute Freunde sind auch bereit, gemeinsam zu kämpfen und miteinander für eine Sache einzustehen, auch wenn der Weg einmal etwas steiler wird.

Gute Freunde sind schwer zu finden, und genau deshalb scheitern auch so viele in diesem Geschäft. Nicht weil sie es nicht könnten, sondern weil sie nach den falschen Menschen suchen. **Suchen Sie nicht nach „Geschäftspartnern" oder „Mitarbeitern", sondern finden Sie neue Freunde, die so sind wie Sie.**
Lassen Sie sich Zeit dafür und kümmern Sie sich intensiv um Ihre neuen Kontakte.
Natürlich müssen Sie mit einer ganzen Menge Menschen sprechen, um die Richtigen zu finden. Aber wenn Sie irgendwann bei einem Partner das Gefühl haben: Das ist ein toller Mensch mit den gleichen Ambitionen wie ich, er will in die gleiche Richtung und ist bereit, den Weg mit mir zu gehen – dann haben Sie ein solches Goldstück gefunden.
Und genauso sollten Sie diesen Menschen auch behandeln. Geben Sie ihm alle Unterstützung, die Sie zu bieten haben. Diese Menschen können sich entwickeln und irgendwann eine eigene, große Struktur aufbauen, die wesentlich zu Ihrem Erfolg beiträgt.

Wenn Sie Menschen in Ihrer Downline haben, die wegen des Systems, nicht aber Ihretwegen dabei sind, dann kann das natürlich ebenso gut funktionieren. Nur sollten Sie in diesem Fall etwas anders vorgehen und die Beziehung mehr von der geschäftlichen Warte aus betrachten. Sorgen Sie mit Ihrer Führung dafür, dass die jeweilige Person wächst und guten Umsatz macht.

Und wenn Sie damit fertig sind, dann treffen Sie sich mit Ihren Freunden am See und sprechen Sie mit ihnen über Ihre Visionen für die Zukunft.

6 Unternehmensentwicklung

Wenn Sie es geschafft haben, mit Ihren Freunden eine große Organisation aufzubauen, dann beginnt der eigentlich angenehme Teil des Networkerlebens:

Sie sind dann von Ihrem anfänglichen Status (den Sie jetzt, wenn Sie dieses Buch lesen, noch haben) zum echten Network-Marketing-Unternehmer gewachsen. Durch Tausende Gespräche sind Sie ein guter Verkäufer, exzellenter Rekrutierer und Marketer und eine fähige Führungskraft mit hoher Bindungsstärke geworden.

Doch eines ist noch viel wichtiger: Sie sind zum Menschenexperten gereift, der anderen eine wirkliche Chance für ein besseres Leben geben kann. Ihre Partner werden Ihnen für Ihre wertvolle Hilfe dankbar sein und es sehr zu schätzen wissen, dass Sie durch Ihr Vorbild zeigen, was möglich ist.

Ihre Aufgabe ist ab diesem Zeitpunkt, sich um die „großen Dinge" in Ihrem Unternehmen zu kümmern. Sie müssen

Vorträge halten, Übermütige bremsen, Schwermütige aufbauen, Streit schlichten und Ihre Vision nach außen tragen.

Sie sind dort angekommen, wo alle anderen hinwollen. Das heißt auch: Auf Ihren Schultern liegt die Verantwortung für all die Menschen, die Ihnen dieses wunderbare Leben ermöglichen.

Bilden Sie sich weiter, lernen Sie die großen Zusammenhänge kennen und tun Sie weiterhin Ihr Möglichstes, den Menschen beim Erreichen von Zielen zu helfen.

Denn dann werden Sie lange Freude an Ihrem Erfolg haben, Ihr Team wird weiter wachsen und wiederum Ihnen ermöglichen, sich Wünsche und Träume zu erfüllen.

Was Sie ab sofort tun können und welche Fähigkeiten Sie erwerben müssen, um zum echten Network-Marketing-Unternehmer zu werden, davon handelt das nächste Kapitel. Sie haben verstanden: Es geht nicht darum, etwas zu sein, sondern darum, etwas zu werden!

Die vier Phasen im Leben des Network-Marketing-Unternehmers

V R N I – das steht für Verkäufer, Recruiter, Network-Marketing-Unternehmer und Investor.

Diese vier Felder, die Sie in der Grafik sehen, entsprechen den vier Phasen, die Sie nacheinander durchlaufen müssen; sie geben Ihnen eine Richtschnur, wie Ihr Tätigkeitsprofil aussieht und was Sie lernen müssen, um die nächste Stufe Ihres Erfolges zu erklimmen.

1 Der Verkäufer

Die erste Phase ist die, über den die meisten Networker schon gar nicht hinauskommen: Sie wissen nicht, was sie als Verkäufer tun müssen, und scheitern so bereits am ersten Schritt in Richtung Erfolg.

Die völlig simple Wahrheit ist: Der Verkäufer hat die Aufgabe, zu verkaufen – sonst nichts. Deshalb ist sein Verdienst auch zu 100 Prozent aktives Einkommen.

Sicherlich, Sie verdienen aus diesem Grund am Anfang noch nicht so viel Geld – dafür erwerben Sie Fähigkeiten, die Sie immer und überall im Leben gebrauchen können.

Verkaufen heißt, dass man die Wünsche des Kunden erkennt und sie dann zusammen mit ihm konkretisiert und schließlich zur Realität werden lässt.
Wenn Sie jemandem mit Ihrem Produkt oder Ihrer Dienstleistung bei der Lösung seiner Probleme helfen können, dann haben Sie eine gute Chance auf einen Abschluss.

Wie schon angedeutet, funktioniert später das Rekrutieren vom Prinzip her gleich. Das Problem Ihres Gegenübers lautet in diesem Fall etwa: „Ich verdiene in meinem aktuellen Job nicht das Geld, das ich brauche, um ein zufriedenes Leben zu führen", und das „Produkt", mit dem Sie ihm weiterhelfen, ist Ihre Geschäftsidee.
So gelten für das Verkaufs- und das Rekrutierungsgespräch auch ganz ähnliche Regeln, vor allem der in anderem Zusammenhang schon einmal erwähnte Grundsatz:

Versuchen Sie, nur 30 Prozent der Zeit zu reden und 70 Prozent jedes Gesprächs dazu zu nutzen, genau zuzuhören, was Ihr Gegenüber will.

Auch bei einem angehenden Networker wird sich ab und zu eine günstige Gelegenheit ergeben, einen neuen Geschäftspartner zu gewinnen.

Mein Rat für solche Fälle: Widerstehen Sie in dieser Phase der Versuchung, ihn selbst zu rekrutieren. Überlassen Sie diese Aufgabe einem anderen, der bereits Erfahrung damit hat und der dafür bezahlt wird.

Wer ist das?
Ihre Upline! Ihre Upline hat in dieser Phase die Aufgabe, professionell aus Ihrer Namensliste neue Geschäftspartner für Sie zu gewinnen. Und wenn Ihre direkte Führungskraft dazu nicht in der Lage ist, dann gehen Sie in der Hierarchie so weit nach oben, bis Sie jemanden finden, der die entsprechenden Fähigkeiten mitbringt.

Denken Sie daran: Sie wollen ein professionelles und profitables Geschäft aufbauen. Deshalb müssen Sie schon von Anfang an dafür sorgen, dass ein System eingeführt wird, das funktioniert.

Ich bin mir sicher, dass in Ihrer Organisation eine Person existiert, die diese Aufgabe erfüllen kann. Wenn Sie professionell vorbereitet sind – das Wichtigste ist eine sorgfältig ausgearbeitete Namensliste – und erkennen lassen, dass Sie es ernst meinen, dann wird man Ihnen helfen.

Sie müssen erst einmal lernen, wie Sie Ihr Produkt und sich selbst vor einem Kunden präsentieren, bevor Sie daran gehen können, andere Menschen für das Geschäft zu gewinnen.

Wenn Sie dann erste Verkaufserfolge erzielt haben und bereits in der Lage sind, ein Einkommen durch Ihre aktive Arbeit zu erzeugen, dann sind Sie bereit für die nächste Stufe: den Recruiter!

2 Der Recruiter

„Es gibt kein Problem im Network-Marketing, das nicht durch neue Partner gelöst werden könnte!" Diese Vertrieblerweisheit wird aktuell bleiben, so lange es Network gibt.

In dieser Phase werden Sie sich für die längste Zeit Ihres Strukturaufbaus befinden, deshalb sollten Sie hier die meiste Energie investieren, sich weiterzuentwickeln und zu lernen.

Als Recruiter werden Sie langsam ein passives Einkommen aufbauen, da Sie nun neben Ihrer aktiven Verkaufstätigkeit neue Geschäftspartner gewinnen und ausbilden, an deren Erfolgen Sie partizipieren.

Wie Sie sich Ihr Potenzial an interessanten Kandidaten für eine Mitarbeit beschaffen, habe ich oben (ab Seite 28) schon erklärt. Ein wichtiges Tool für erfolgreiches Recruiting ist außerdem, dass Sie sich als Experte in Ihrem Bereich positionieren.

Recruiting ist nur am Anfang schwer

Wenn Sie auf lange Zeit in der Lage sind, Ihrem Team immer wieder neue Partner zuzuführen und diese zu halten, dann haben Sie Erfolg im Network-Marketing. Um aber die dafür nötigen Fähigkeiten zu entwickeln, reicht es nicht aus, einmal pro Monat jemanden zu fragen ob er denn Lust hätte, nebenbei etwas zu verdienen.

Sie werden wahrscheinlich 1000 oder noch mehr Gespräche mit Menschen führen müssen, bis Sie ein echter Recruiter geworden sind, der allen Situationen gewachsen ist.

Das Schöne am Network-Marketing ist, dass Sie jeweils nach Durchlaufen einer Phase jedes Mal feststellen werden: Ihnen ist wieder eine neue Fähigkeit, die anfangs eine große Herausforderung war, in Fleisch und Blut übergegangen.

Am Anfang Ihrer Karriere ist es für Sie wahrscheinlich noch schwer, die richtigen Argumente zu finden, um jemanden als Partner zu gewinnen. Aber es wird umso einfacher, je erfolgreicher Sie sind.

Denn mit der Zeit und Ihrem Erfolg werden Sie immer besser dazu in der Lage sein, Ihren Status zu kommunizieren und Ihre Ernsthaftigkeit glaubhaft darzustellen.

Und wenn Sie fleißig daran arbeiten, werden Sie irgendwann an den Punkt kommen, dass Sie sogar Menschen ablehnen müssen, die den unbedingten Wunsch haben, mit Ihnen zusammenzuarbeiten.

Wenn Sie mir das nicht glauben, dann fragen Sie doch einfach einmal die obersten Führungskräfte Ihrer Organisation, ob sie auch solche Erfahrungen machen.

Ich kann Ihnen auch erklären, warum das alles so ist: Wenn Ihre Zeit knapper und wichtiger wird, dann nehmen die Menschen das auch wahr.

Und auch Sie kennen sicher den Spruch: „Willst du gelten, mach dich selten!" Genau dadurch, dass Sie nicht mehr jedem hinterherrennen, sondern auch echten Interessenten einmal die kalte Schulter zeigen (können), werden Sie für potenzielle Geschäftspartner attraktiv.

Da dieser Punkt so wichtig ist, möchte ich im Folgenden etwas näher darauf eingehen.

Selbstbewusstsein ist der Schlüssel zum Erfolg

Früher war ich eine eher schüchterne Person und ziemlich introvertiert. Das Telefon in die Hand zu nehmen und eine völlig fremde Person anzurufen, war für mich fast unvorstellbar. Ich saß tatsächlich stundenlang an meinem Tisch und versuchte die Courage aufzubringen, endlich die Nummer eines meiner Kontakte zu wählen!

Um meine Inaktivität zu rechtfertigen, fand ich immer wieder Ausreden und Entschuldigungen.

Das Problem resultierte aus meinem fehlenden Selbstbewusstsein und aus Angst vor dem Versagen.

Und wenn ich doch einmal jemanden anrief, dann tat ich das aus einer Position der Schwäche, Bedürftigkeit und Verzweiflung heraus. Denn ich musste einfach jemanden sponsern, um finanziell einigermaßen über die Runden zu kommen.

Doch dieses geringe Selbstbewusstsein und diese Bedürftigkeit kamen auch über das Telefon bei meinem Gesprächspartner an. Und dieser nutzte das, um sich selbst in eine Position der Stärke zu bringen. Ich kam an wie ein Bettler und tat alles, um den Menschen am anderen Ende der Leitung nicht zu verlieren und ihm alles recht zu machen.

Das halte ich für eines der Hauptprobleme der Menschen in diesem Geschäft. Und deswegen möchte ich Ihnen ganz klar sagen: **Sie werden niemals eine große Organisation aufbauen und tolle Leute sponsern, wenn Sie nicht vom Bittsteller zum Bieter werden.**

Denn Menschen, die etwas erreichen wollen, folgen keinem Bittsteller. Menschen folgen nur den echten Chancengebern.

Die gute Nachricht ist: **Sie können diesen Bittstellerstatus ablegen und sich daran machen, zum gesprächsstarken Chancengeber zu werden!**

Was heißt das jetzt genau?

Um es kurz zu machen: **Die Person am anderen Ende der Leitung ist ein Niemand, der sich erst für eine Zusammenarbeit mit Ihnen qualifizieren muss!** Solange sie das nicht getan hat, ist sie nur eine Telefonnummer und eine Stimme.

Vielleicht sagen Sie jetzt, dass diese Einstellung nicht Ihrer Natur entspricht. Dann antworte ich Ihnen, dass Sie es lernen müssen, so zu denken, zu empfinden und zu sprechen. Sie benötigen das, um dorthin zu kommen, wo Sie hinwollen.

Mir ist es heute egal, ob ich mit einem Unternehmer, einem Anwalt oder einem Herrn Doktor spreche. Diese Menschen können mir genauso meine Zeit stehlen wie jeder andere auch. Deshalb sortiere ich ziemlich schnell vor und prüfe, ob mir die jeweilige Person sympathisch ist und ob sie mir einen Nutzen bringen kann.

Damit Sie sich leichter damit tun, sich am Telefon als Bieter zu präsentieren, im Folgenden noch einige praktische Tipps.

Wie Sie die Kontrolle über ein Gespräch behalten

Dass die Körperhaltung auch beim Telefonieren eine wichtige Rolle spielt, habe ich oben (Seite 36) schon erläutert. Wenn Sie sich schwach fühlen, dann hilft es oft, wenn Sie einfach aufstehen oder herumlaufen.

Sorgen Sie dafür, dass Sie von Anfang an die Kontrolle über das Gespräch haben. Wichtig ist dabei zu wissen: Wenn Sie auf Nachfragen Ihres Gegenübers eingehen, dann setzen Sie Ihren Status immens herab. Hier müssen Sie besonders darauf achten, dass Sie Ihre Alpha-Position behalten.

Folgender Satz eignet sich in vielen Fällen, um Zweifel und Nachfragen auszuräumen:

Das ist eine gute Frage, doch so weit sind wir noch nicht. Ich versuche nur herauszufinden, ob Sie für das geeignet sind, was ich vorhabe. Wir können an dieser Stelle gerne weitermachen, andernfalls können wir das Gespräch auch gleich beenden. Was denken Sie?

Zugegeben, das klingt hart, aber es ist extrem wichtig, dass Sie an solchen Stellen wieder die Kontrolle über das Gespräch erlangen. Dass Sie den Satz mit einer Frage schließen, bringt Ihren Gesprächspartner in die schwächere Position.

Was das mit Ihrem Erfolg zu tun hat, fragen Sie sich? Erstens zeigt es Ihren Status als Anführer, und Menschen folgen nur Anführern.
Zweitens positionieren Sie sich dadurch als Experte und nicht als Bettler. Als Experte haben Sie die Antworten und Lösungen auf die Fragen und Probleme der Menschen. Darauf sollten Sie stolz sein und das sollten Sie auch so kommunizieren.

Beachten Sie bei all Ihren Rekrutierungstätigkeiten jedoch eines: Die Menschen steigen nicht deswegen bei Ihnen ein, weil Sie ein so tolles Produkt oder einen super Marketingplan haben. Die Menschen steigen *Ihretwegen* ein. *Sie selbst* sind letztendlich das Produkt! Und deshalb dürfen Sie sich nicht unter Wert verkaufen.

Neue Partner – neue Aufgaben

Sobald Sie einen neuen Partner gesponsert haben, besteht Ihre zweite Aufgabe darin, ihn auszubilden und die ersten Leute für seine Downline zu rekrutieren.

Diese Aufgaben sollten Sie mit Energie anpacken – aber vergessen Sie dabei auch die Freundlichkeit nicht!
Vor allem wenn Sie im engeren Bekanntenkreis Ihres Partners rekrutieren, ist sehr viel Fingerspitzengefühl gefragt. Ansonsten könnte es passieren, dass Sie dort verbrannte Erde hinterlassen.
Lernen Sie diese Leute also erst kennen und zeigen Sie, dass Sie ein netter Mensch sind. Fallen Sie nicht mit der Tür ins Haus und reden Sie erst dann vom Geschäft, wenn Sie merken, dass Sie in diesen Kreisen voll und ganz akzeptiert sind.
Denken Sie an Ihre eigene Situation und gewinnen Sie die Menschen für sich!

Wenn Sie die Phase des Recruiters abgeschlossen haben, dann dürfen Sie ins nächste Feld vorrücken: das des Network-Marketing-Unternehmers.

3 Der Network-Marketing-Unternehmer

Ihr Ziel als Network-Marketing-Unternehmer ist es, starke Führungskräfte heranzubilden, die selbstständig nach Ihrem System arbeiten und kaum Unterstützung von Ihnen benötigen.

Stellen Sie sich in dieser Situation Ihren Partner vor wie ein Kind, das Laufen lernt: Zuerst muss es bei Ihnen sehen, wie Gehen überhaupt funktioniert. Dann fängt es an zu krabbeln und kann sich dadurch immerhin schon langsam fortbewegen. Wenn Sie ihm dabei helfen aufzustehen, kann es nach kurzer Zeit schon einige Schritte selbst gehen.

Und irgendwann wird das Kind in der Lage sein, zu laufen, zu springen und zu rennen.

Wenn Sie dieses Modell auf Ihre Partner übertragen und ihnen alles beibringen, was nötig ist, damit sie von sich aus ein profitables Network-Marketing-System aufbauen können, dann haben Sie es schon fast geschafft.

Wie Ihr Geschäft zum Selbstläufer wird

Lassen Sie mich nun zeigen, wie Ihr Leben und Arbeiten aussieht, wenn Sie die Stufe des echten Network-Marketing-Unternehmers erklommen haben.

Der Schwerpunkt Ihrer Einnahmen wird sich in dieser Phase noch weiter in Richtung passives Einkommen verschieben und der Eigenverkauf vollkommen in den Hintergrund rücken. Sie werden lernen, wie Sie die Menschen führen und langfristig an sich binden. Sie werden Schulungen organisieren und halten, in denen Sie Ihr Wissen weitergeben. Sie werden sich um die Teamentwicklung kümmern und Ansprechpartner für alle Sorgen und Nöte Ihrer Partner sein.

Zu diesem Zeitpunkt bieten sich für Sie aufgrund Ihres bereits erworbenen Status (Geld, persönliche Entwicklung, Fähigkeiten) zunehmend Möglichkeiten, auch sehr erfolgreiche Menschen, sogenannte „Highpotentials", für Ihr Geschäft zu gewinnen.

Die Zuführung neuer Partner ist damit immer noch ein großer Bestandteil Ihrer täglichen Arbeit. Aber es ist für Sie jetzt wesentlich einfacher, wirklich fähige Persönlichkeiten zu rekrutieren, da Sie nicht mehr den Druck haben, dass jemand bei Ihnen einsteigen muss.

Aber erst wenn Sie dann einige Ihrer Partner zu echten Führungskräften gemacht, ihnen also „das Laufen beigebracht" haben und dadurch ein hohes passives Einkommen erzielen, dann können Sie einen Gang herunterschalten und die Früchte dessen ernten, was Sie gesät haben.

Jetzt können Sie Ihre Zeit genießen, mit Ihrer Familie und Freunden Reisen unternehmen, ein schönes Haus bauen und ein Auto anschaffen, das Ihre Nachbarn vor Neid erblassen lässt.

In dieser Phase werden Sie viele Menschen wiedertreffen, die Ihnen heute, während Sie dieses Buch lesen, noch Dinge sagen wie: „Da verdienen nur die Obersten" oder „Wenn's so einfach wäre, dann würde es ja jeder machen" oder „Du schaffst das nicht".

Das zu Ihrer Ermutigung! Denn solche Menschen wie eben beschrieben gibt es überall, und fast jeder von uns hat solche wahren Miesmacher im engen Umfeld, vielleicht sogar in der Familie.

Ich glaube jedoch, dass diese Negativdenker einfach Angst haben, dass wir recht behalten könnten und tatsächlich Erfolg im Network haben. Denn wenn wir es wirklich schaffen, dann fühlen diese Menschen sich schlecht und sehen, dass sie selbst in ihrem Leben die falschen Entscheidungen getroffen haben.

Sie haben sich nämlich für den Weg des geringsten Widerstandes entschieden und es sich leicht gemacht – im Gegensatz zu all jenen, die in einem Network ganz oben stehen und mit viel Schweiß und auch Tränen für diesen Traum gekämpft haben, die allen Widrigkeiten zum Trotz durchhielten und fest daran glaubten, dass es für sie funktioniert.

Denn *dass* es funktioniert, ist bereits Tausende Male bewiesen worden!

Die einzigen Fragen, die Sie sich hier und heute stellen müssen, sind diese: Sind Sie bereit, den Weg zu gehen? Sind Sie bereit, die Unkenrufe und negativen Beeinflussungen Ihres Umfelds zu ignorieren? Sind Sie bereit, Ihre Persönlichkeit weiterzuentwickeln – und zum ernst zu nehmenden, vorbildlichen Erfolgsmenschen zu werden?

Denn dann – und jetzt sind wir wieder bei unserer Zukunftsvision – werden in absehbarer Zeit all die einstigen Pessimisten wieder auftauchen. Nur werden sie jetzt

Dinge sagen wie: „Ich habe schon immer gewusst, dass du das schaffst" oder „Ich hab immer an dich geglaubt".

Doch solche Sprüche lassen den erfolgreichen Network-Marketing-Unternehmer dann kalt. Er wird daran zurückdenken, in welcher Situation er sich einmal befunden hat, und wissen, dass er stolz auf sich sein kann: Anstatt dazusitzen und zu warten, dass ihm die Welt Geschenke zu Füßen legt, hat er gehandelt und sein Schicksal selbst in die Hand genommen – und so letztendlich seinen Weg, seinen erfolgreichen Weg, gemacht.

Ich hoffe, dass dieses Buch Sie dazu animiert, durchzuhalten und daran zu glauben, dass auch Sie es schaffen!

Und wenn Sie dann den Erfolg genießen, erscheint eine neue Aufgabe am Horizont, die Ihnen für den Rest Ihres Lebens (und sogar für das Ihrer Kinder) finanzielle Sicherheit bringt.

4 Der Investor

Nichts ist für die Ewigkeit. Auch ein großes Network-Marketing-System nicht. Mit so etwas können Sie zwar einkommensreich werden, doch das Endziel sollte sein, dass Sie vermögend sind.

Damit Sie verstehen, was der Unterschied zwischen beidem ist, will ich diese Begriffe kurz definieren.

Einkommensreichtum bedeutet, dass Sie in der Lage sind, viel Einkommen aus einer Wirtschaftseinheit wie aus einem Unternehmen oder aus Network-Marketing zu generieren. Einkommen ist immer von Ihnen und Ihren erworbenen Fähigkeiten abhängig.

Vermögend bedeutet, dass Sie über Vermögenswerte verfügen, die wertstabil sind und die kontinuierlich für passives Einkommen sorgen. Dazu gehören Wohnungen, Häuser, Schuldverschreibungen, Unternehmensanteile sowie Aktien und Fonds.

Vermögenswerte arbeiten also für Sie und sind nicht von Ihnen persönlich abhängig. Sie können sie weitervererben oder verkaufen, wohingegen Einkommen immer mit Ihnen selbst und Ihrer Person zu tun hat.

Wirklich reich sind Sie natürlich nicht, wenn Sie nur eine Wohnung oder ein Haus besitzen. Sicherlich haben auch Sie jemanden (vielleicht sogar mehrere Menschen) in Ihrem Bekanntenkreis, die zwar eine Wohnung besitzen, diese jedoch noch für die nächsten 20 Jahre abzahlen müssen.

Diese Menschen haben zwar einen Vermögenswert erworben, verfügen jedoch nicht über genügend Cashflow (regelmäßigen Kapitalfluss), um die laufenden Kosten decken zu können und ein angenehmes Leben zu führen. Das nenne ich dann „reich an Vermögenswerten, aber arm an Geld".

Das ist der Grund, warum Sie Ihre berufliche Laufbahn erst einmal darauf ausrichten sollten, dass Sie mittelfristig ein hohes Einkommen aufbauen. Und das geht normalerweise nur dadurch, dass Sie ein erfolgreicher Unternehmer (in unserem Fall Network-Marketing-Unternehmer) werden.

Wenn Sie dann auf diesem Weg einkommensreich geworden sind, dann können Sie nicht nur einmal im Leben, sondern alle zwei oder drei Jahre oder noch häufiger eine Wohnung kaufen und wirklich vermögend werden.

Zudem werden Sie aufgrund Ihres Einkommens neue Menschen kennenlernen, die wissen, wie man Geld „macht", anstatt es mit harter Arbeit zu verdienen.

Der langen Rede kurzer Sinn: Wenn Sie wirklich langfristig planen, dann sollten Sie die höchste Position in einem Network zwar unbedingt anstreben, aber noch nicht als das Endziel betrachten.

Wirkliche, echte Freiheit für sich und Ihre Familie erreichen Sie nur, wenn Sie genügend Vermögenswerte aufbauen, die Sie bis an Ihr Lebensende versorgen und mit denen die Zukunft Ihrer Kinder abgesichert ist.

Erst dann können Sie sich zur Ruhe setzen und müssen sich nie wieder Sorgen um finanzielle Belange machen.

Doch wann Sie dort ankommen, liegt nur an Ihnen selbst. Denken Sie einfach an die Formel: **Sein x Tun = Haben!**

Der Weg des Network-Marketing-Unternehmers

Nun haben Sie erfahren, wie der Weg aussieht, den es zu beschreiten gilt. Und auf diesem Weg gibt es keine Abkürzungen. Entweder Sie gehen ihn vom Anfang bis zum Ende – oder Sie lassen es.

Sollten Sie dabei einmal den Eindruck haben, dass sich Ihnen eine Gelegenheit bietet, die zu schön scheint, um wahr zu sein, dann seien Sie versichert: Sie *ist* es. So schöne Gelegenheiten *sind* mit hundertprozentiger Sicherheit nicht wahr, sie haben keinerlei realen oder realistischen Hintergrund! Denn die Belohnung gibt es immer erst nach getaner Arbeit.

Was ich Ihnen jedoch auch versichern kann: Es ist ein schöner Weg, den Sie zu gehen haben!

Um so zu werden wie die Profis, müssen wir lernen, zu denken wie die Profis und zu handeln wie die Profis. Deshalb beschäftigen wir uns im Folgenden mit der Einstellung und der Persönlichkeit des Profis.

Über eines müssen Sie sich klar werden: Wenn Sie es im Network wirklich schaffen wollen, dann werden Sie bald ein echter Gewinner sein! Ja, Sie! Sie werden von vielen Menschen bewundert und beklatscht werden, und man wird Sie fragen, wie Sie es geschafft haben.

Wenn Ihnen bisher der Begriff „Gewinner" eher unangenehm war, dann gewöhnen Sie sich bitte schon einmal daran. Die Menschen werden Ihnen in Zukunft bewundernde Blicke zuwerfen, aber auch Neid wird Ihr ständiger Begleiter sein.

Der erste Schritt:
Sein Leben selbst in die Hand nehmen

Wenn Sie einen Plan haben und genau wissen, wo Sie hinwollen, dann haben Sie schon einen entscheidenden Vorsprung gegenüber 98 Prozent der Menschheit.

Ich habe einmal einen Satz gelesen, der mich bis heute beschäftigt und prägt: **„Dein Leben beginnt an dem Tag, an dem du anfängst, die hundertprozentige Verantwortung für dein Leben zu übernehmen!"**
Wirklich erfolgreiche Menschen sind niemals Opfer! Sie gestalten ihr Leben selbst, während für ihre mehr oder weniger erfolglosen Zeitgenossen das Leben etwas ist, das ihnen passiert oder zustößt.

Denken Sie darüber nach. Kennen Sie einen wirklich erfolgreichen Menschen, der die Verantwortung für seine Zukunft, sein Wohlergehen und sein Glück abgibt?

Sie sind verantwortlich dafür, ob Sie erfolgreich werden oder nicht! Nicht die Firma, nicht das Produkt und niemand sonst! Seien Sie sich darüber im Klaren.

Konzentrieren Sie sich nicht darauf, was alles nicht funktioniert, sondern konzentrieren Sie sich darauf, was funktioniert. Und wenn der Pfad steiler und dorniger wird und andere aufgeben, dann werfen Sie noch weitere Kohlen ins Feuer und geben Sie noch mehr Gas.

Denn alles geht vorbei – die guten, ganz sicher aber auch die schlechten Tage! Und Glück ist in erster Linie das Ergebnis von harter Arbeit, in zweiter Linie hat es dann noch mit dem Nutzen der Gelegenheiten zu tun, die sich bieten.

Wenn Sie mit Ihrer aktuellen Situation unzufrieden sind, dann stehen Sie endlich auf und tun etwas! Warten Sie nicht darauf, dass sich *etwas* verändert, und akzeptieren Sie, dass *Sie* sich verändern müssen.

Hören Sie mit den Schuldzuweisungen, den Ausreden und dem Gejammer auf und nehmen Sie Ihr Leben in die Hand.

Seien Sie mir nicht böse, wenn ich das so ausdrücke. Es mag sein, dass es gerade auf Sie nicht zutrifft; aber ich weiß aus eigener Erfahrung, wie viele Networker irgendwann in ihrem Leben in dieser lähmenden Situation gesteckt haben und dass es in diesem Fall drastischer Worte und Erfahrungen bedarf, damit sie den ersten Schritt wagen. Gerade mit Network-Marketing haben Sie alle Werkzeuge und Systeme an der Hand, die Sie dafür benötigen.

Seine Ziele immer vor Augen haben

Sie sind der Chancengeber, und wenn Sie die letzte Übung am Ende dieses Buches gemacht haben, dann werden Sie genau wissen, wo Sie hinwollen und wie der nächste Schritt aussieht.

Ihre Einstellung muss sich verändern. Halten Sie sich Ihr Ziel stets vor Augen. Stellen Sie sich vor, wie sich Ihre Position, Ihre Lebenssituation und Ihr Einkommen heute in zwölf Monaten verändert haben werden. Und dann arbeiten Sie daran, bis Sie dieses Ziel erreicht haben.
Dass es möglich ist, wissen Sie. Es hängt alles nur davon ab, dass Sie sich selbst dazu verpflichten und dass Sie wirklich bereit sind, das zu tun, was dafür nötig ist.

Ihr Networkgeschäft wächst in genau dem Maße, in dem Sie sich persönlich weiterentwickeln. Dieser Effekt wird nur leider nicht immer unmittelbar spürbar. Denn es kann sein, dass Sie eine schwierige Phase bewältigen müssen. Hier ist zwar der Lerneffekt ungleich höher, als wenn Sie erfolgreich sind und alles rund läuft. Aber die Früchte werden Sie unter Umständen erst deutlich später ernten können.

Die Einstellung des Network-Marketing-Unternehmers

„Es ging ein Sämann aus, zu säen seinen Samen. Und indem er säte, fiel einiges auf den Weg und wurde zertreten, und die Vögel unter dem Himmel fraßen's auf. Und einiges fiel auf den Fels; und als es aufging, verdorrte es, weil es keine Feuchtigkeit hatte. Und einiges fiel mitten unter die Dornen; und die Dornen gingen mit auf und erstickten's. Und einiges fiel auf gutes Land; und es ging auf und trug hundertfach Frucht."
(Lukasevangelium, Kapitel 8, Vers 5 – 8)

Dieses Zitat aus dem Buch der Bücher sollten Sie sich groß kopieren und an einem Platz aufhängen, an dem Sie es immer vor sich haben.

Der Weg, den Sie vor sich haben, ist oft ein beschwerlicher, und Sie werden viele Rückschläge erleiden, wenn Sie erfolgreich werden wollen. Das gilt nicht nur für Network-Marketing, sondern für alle Dinge im Leben.

Scheitern wird letztendlich nur der, der nach den Niederlagen, die ihm auf seinem Weg passieren, nicht wieder aufsteht.

Sie müssen Niederlagen als Gelegenheit sehen, sich zu entwickeln und sich darüber klar zu werden, was *nicht* funktioniert.

Wenn ein neuer Geschäftspartner nach kürzester Zeit wieder abspringt, dann sollten Sie für sich analysieren, was Sie hätten besser machen können, damit dieser Mensch Spaß am Network bekommen und Geld verdient hätte.

Doch zurück zu obigem Zitat: Ihre Aufgabe als Networker ist nicht, viel Geld für wenig Arbeit zu bekommen. Ihre Aufgabe ist, zu säen wie der Sämann. Und Ihre Aufgabe ist, so lange nicht aufzugeben und weiterzusäen, bis der Samen aufgeht und sich die getane Arbeit viele Male lohnt. Wenn Sie vielleicht gerade einen Schritt vor dem Erfolg aufgeben, werden Sie nichts erreicht haben und erschöpft und frustriert in Ihr altes Leben zurückkehren müssen.

Nicht jeder, mit dem Sie sprechen und den Sie für Ihr Geschäft gewinnen wollen, ist ein toller Networker. Nicht jeder kommt mit Ihrer Einstellung zurecht. Und nicht jeder ist bereit, sein altes Leben aufzugeben, um sich auf unbekanntes Terrain vorzuwagen. Vielen Menschen ist es lieber, sich in der Mittelmäßigkeit zu verkriechen und ein Dasein in Bedeutungslosigkeit zu fristen.
Lassen Sie so jemandem seinen Glauben daran, dass ein Achtstundentag bis zum 65. Lebensjahr und einmal pro Jahr ein Urlaub in Italien genau der Lebenszweck ist, für den der Mensch geboren wird. Gehen Sie weiter zum nächsten Kandidaten und suchen Sie weiter, bis Sie einen Menschen finden, der sich mit dem gerade

charakterisierten Lebensmodell nicht zufriedengibt, der bereit ist, seine Zukunft selbst in die Hand zu nehmen, und der die Chance erkennt, sich mit Ihrer Hilfe aus den Fesseln eines 08/15-Alltags zu befreien.

Hier kommt noch einmal eine Formel – und zwar die Formel, die Ihnen zeigt, was Menschen dazu treibt, zu handeln: **Unzufriedenheit x Vision = Handeln**

Wenn Sie in Ihrer aktuellen Situation einigermaßen zufrieden sind und Sie im Leben keine großen Ziele mehr verfolgen, dann werden Sie auch nichts tun. Bequemlichkeit ist einer der größten Erfolgskiller, da sie zu Faulheit und Passivität führt. Erfolg findet immer außerhalb unserer Komfortzone statt. Und wenn Sie zufrieden sind, dann haben Sie keinen Grund zum Handeln.

Ein Test für Ihre persönliche Handlungsmotivation

Überlegen Sie sich bitte, wie zufrieden Sie im Moment mit Ihrem Leben sind. Verwenden Sie dafür eine Skala von 1 bis 10. Achtung: Vergeben Sie für die größte Zufriedenheit die kleinste Zahl; 1 steht also für eine Situation, in der sie keinen Anlass sehen, irgendetwas in Ihrem Leben zu ändern, 10 für eine Situation, aus der Sie lieber heute als morgen ausbrechen würden.

Die Zufriedenheit ist der eine Faktor – aber wie man auch aus unserer Formel ersehen kann, gibt es noch einen anderen Faktor, der ihr entgegenwirkt: die Vision. Sind Sie ein Visionär und Träumer oder nehmen Sie die Dinge so, wie sie kommen?

Es gibt Menschen, die denken groß. Diese Menschen wollen die Welt verändern und sind bereit, dafür das Letzte aus sich herauszuholen. Diese Menschen fliegen auf den Mond, erfinden die Glühbirne oder setzen ihr Leben dafür ein, anderen Menschen zu helfen. Sie haben eine Vision für eine bessere Welt – und deshalb handeln sie auch.

Doch was ist Ihre Vision?

Nehmen Sie nun wieder eine Skala von 1 bis 10 und bewerten Sie auf diese Weise Ihre Vision. Nun multiplizieren Sie Ihren Zufriedenheitsfaktor (oder vielmehr Unzufriedenheitsfaktor) mit Ihrer Vision – und dann sehen Sie, wie sehr es sich für Sie lohnt zu handeln.

Unzufriedenheit als wichtiger Handlungsmotor

Diese Formel erklärt auch, warum viele Menschen, denen es objektiv schlecht geht, nicht handeln, um etwas zu verändern.

Nehmen wir als Beispiel jemanden, der von Hartz IV lebt. Dieser Mensch ist zwar unzufrieden mit seiner Situation. Diese bewertet er auf der Skala mit 7. Ein wirkliches Ziel hat dieser Mensch im Leben aber nicht, und eigentlich will er nur seine Ruhe haben und sich mit Freunden treffen. Damit bewertet er seine Vision mit 2. Als Ergebnis erhalten wir dann einen Impuls zu handeln von $2 \times 7 = 14$. Also nur 14 von 100 möglichen Punkten! Wenn man diesem Menschen also einen Job anbietet, bei dem er sechs Tage pro Woche für je acht Stunden arbeiten soll und dafür 150 Euro über seinem monatlichem Hartz-IV-Satz liegt, wird er wahrscheinlich nicht zugreifen. Denn dann würde er zwar etwas mehr verdienen, hätte aber kaum mehr Zeit für seine Freunde. Das bedeutet, der neue Job brächte ihn nur weiter weg von seiner Idee eines entspannten Lebens und seine Unzufriedenheit wäre dann höher als im Moment.

Und dann gibt es noch das andere Extrem, das häufig zu beobachten ist. Wenn Sie Kinder haben, dann kennen Sie sicherlich aus deren Umfeld einen Fall, in dem es so geht oder ging. Ich spreche von Kindern, die in Unterschichtsfamilien aufwachsen, extrem kurzgehalten werden und von ihrem Leben, in dem das Geld kaum von Monat zu Monat reicht, um die Miete zu bezahlen, richtig (verzeihen Sie mir diesen Ausdruck!) angekotzt sind.

Diese Kinder stellen dann in der Schule fest, dass sie gute Noten schreiben, und es wird ihnen klar, dass sie studieren sollten, um ein sicheres Leben in Wohlstand führen zu können. Diese Kinder bewerten ihre Unzufriedenheit oft mit 10, und auch die Vision von einem besseren Leben ist auf 8. Damit sind wir bei einem Produkt von 80.

Das bedeutet, diese Kinder handeln! Sie arbeiten und lernen, schinden sich, weil sie aus der Situation entkommen wollen. Und sehr häufig erzielen sie dann, vor allem später als Erwachsene, auch außergewöhnliche Ergebnisse.

Das sind sicherlich zwei absolute Extrembeispiele, aber sie zeigen besonders gut, dass Zufriedenheit und kleine Ziele dazu führen, dass die Menschen nichts tun. Oft geht es uns einfach zu gut, und das führt dann zu Faulheit und Passivität.

Wenn Sie sich also dabei erwischen, dass Sie die Dinge nicht tun, die Sie tun sollten, dann sind Sie entweder zu bequem oder Ihre Ziele sind nicht groß genug, dass sie Sie treiben. Denn Ihr Wille, etwas zu *tun,* entscheidet darüber, ob Sie dorthin kommen, wo Sie vorgeben sein zu wollen.

Belügen Sie sich nicht selbst. Wenn Sie zufrieden sind und eigentlich alles haben, was Sie brauchen, dann empfehlen Sie Produkte weiter, wenn es sich ergibt, und so verdienen Sie in ein paar Jahren automatisch etwas dazu.

Die meisten großen Erfolgsgeschichten werden nicht von denen geschrieben, die reich geboren wurden. Die wirklich beeindruckenden Geschichten werden von Menschen geschrieben, die ihr Leben gegeben haben, um ganz nach oben zu kommen, und die so lange nicht aufgegeben haben, bis das geschafft war.

Dazu habe ich eine sehr interessante Anekdote gefunden. Eine Frau sagte nach einer grandiosen Vorstellung zu einem Geigenvirtuosen: „Ich würde mein Leben geben, um so spielen zu können wie Sie." – Darauf sagte der Geiger: „Genau das habe ich getan, Madame!"

Um wirklich Erfolg zu haben, müssen Sie Ihr Leben einer Sache widmen, und Sie dürfen nicht aufgeben, bevor Sie das Ziel erreicht haben.

Hierbei spielt auch die Identifikation eine ganz wichtige Rolle.

Identifikation

Um sich einer Sache wirklich anzunehmen und viele Jahre damit zu beschäftigen, benötigen wir eine große Portion Identifikation.

Doch wodurch entsteht diese überhaupt?

Sie ist eine Kombination aus Information über eine Sache und angenehmen Gefühlen, die man damit verbindet.

Wenn Sie wirklich wissen, was Network-Marketing ist und wie es funktioniert, und wenn Sie jeden Monat 50 000 Euro auf Ihr Konto überwiesen bekommen, während Sie das Leben Ihrer Träume leben, wie identifiziert sind Sie dann mit der Sache?

Sicherlich zu 100 Prozent!

Doch es gibt immer wieder Menschen in der Branche, die sich nicht wirklich trauen, mit anderen darüber zu sprechen, was sie da tun. Damit vernachlässigen sie ihre Hauptaufgabe!

Meist liegt das daran, dass diese Menschen nicht genug mit ihrem Geschäft identifiziert sind. Sie haben Angst vor Fragen, die sie nicht beantworten können, und sind bisher nicht erfolgreich genug gewesen, um sicher sein zu können, dass das System wirklich funktioniert.

Doch was können Sie als Network-Marketing-Unternehmer tun, um die eigene und die Identifikation der Partner zu erhöhen?

Ganz einfach: Lernen Sie alles, was Sie über die Branche und Ihr Geschäft wissen müssen, und geben Sie das weiter. Sorgen Sie dafür, dass Sie wissen, wovon Sie sprechen, und zeigen Sie, dass Sie der Experte sind, der sowohl die Vorteile erklären als auch auf Kritikpunkte eingehen kann.

Und dann kommt der wichtigste Part: **Sorgen Sie dafür, dass Ihre neuen Partner Geld verdienen!** Das klingt zwar unglaublich banal, aber das Einkommen – genauer, das ungenügende Einkommen – ist eben einer der häufigsten Gründe für den frühen Ausstieg aus einem Network-Marketing-System. Oder denken Sie, dass ein Partner, der nach drei Monaten kontinuierlich 500 bis 1000 Euro nebenher verdient, einfach so wieder aussteigt? Wohl kaum!

Übernehmen Sie die Verantwortung für jeden neuen Partner, den Sie direkt sponsern. Denn Sie sind der Profi und damit in der Pflicht, Ihre Aufgabe zu erfüllen. Sie haben

Ihrem Partner das Geschäftsmodell vorgestellt und ihm damit ein besseres Leben in Aussicht gestellt. Nun ist es an Ihnen, dafür zu sorgen, dass das nicht nur leere Worthülsen bleiben und der Partner ins Verdienen kommt.

Und wenn der Partner verdient, dann verdienen bekanntlich auch Sie. Aber vor allem: Mit dem Verdienst kommt normalerweise auch die Identifikation von allein. Denn dann sehen es alle: Network-Marketing funktioniert!

Geld

Geld ist einer *der* Faktoren, warum sich Menschen ent-schließen, in ein Network-Marketing-System einzusteigen. Und wie wir gerade gesehen haben, ist *kein* Geld auch einer der Hauptgründe, warum sie wieder aussteigen.
Doch auch dann, wenn Geld verdient wird, gibt es vieles zu beachten, um nicht den Überblick zu verlieren.

Mit Geld umzugehen, ist keine leichte Sache. Mit viel Geld umzugehen, ist noch viel schwerer. Aber man kann es ler-nen, und mit der Zeit vermehrt sich das Geld wie von al-leine. Dann kann man sich auf die wirklich wichtigen Dinge konzentrieren.

Die meisten Menschen leben einfach vor sich hin und pfle-gen den Umgang mit Geld nach dem Motto: „Am Ersten kommt es, und wenn es zu Ende ist, dann geh ich in den Dispo. Und am Ersten kommt dann wieder was."

Wenn Sie bisher Ihre Finanzen nach diesem Motto gema-nagt haben, dann sollten Sie das schleunigst ändern. Ich bin auch nicht gerade der Buchhaltertyp. Aber auf mein Geld achte ich sehr sorgsam. Denn nur wenn ich weiß, was ich wo habe und was ich für mein Leben brauche, kann ich die richtigen Entscheidungen über Investitionen und Ausgaben treffen.

Vom Chaos zur Kontrolle

Könnten Sie mir ganz genau sagen, wie viel Geld Sie jetzt in diesem Moment besitzen? Und könnten Sie mir sagen, wie viel Geld Sie im Monat wofür ausgeben?

Egal wie viel Sie verdienen: Es ist extrem wichtig, dass Sie sich mit Ihrem Geld beschäftigen. Finden Sie heraus, wo es herkommt und wohin es geht.

Der erste Schritt ist, sich darüber im Klaren zu sein, wo man finanziell steht. Denn nur dann kennen Sie Ihre Möglichkeiten. Schreiben Sie alles auf oder führen Sie für einige Zeit ein Haushaltsbuch, in welches Sie eintragen, wann Sie was wofür ausgeben.

„Volkskrankheit" Schulden

An dieser Stelle muss ich einige Worte zu einem extrem wichtigen Punkt einschalten: dem Thema Schulden.

Schulden und Kredite sind meiner Ansicht nach eine regelrechte Volkskrankheit geworden. Früher haben die Menschen gespart und sich danach die Dinge gekauft, die Sie haben wollten. Heute wird sofort gekauft, auf Teufel komm raus konsumiert und dann jeden Monat mit viel Jammern abgezahlt.

Dass Schulden gesellschaftsfähig geworden sind, lässt sich ganz einfach aus den aktuellen Zahlen der Privatinsolvenzen ablesen. Und die Prognosen deuten auf keine positive Entwicklung hin.

Auch wenn Sie sich in einer sonst guten finanziellen Situation befinden, appelliere ich an Sie: Machen Sie keine Schulden! Und wenn Sie welche haben, dann setzen Sie alles daran, diese zu bezahlen.

In erster Linie heißt das: Konsumverzicht. **Wenn Sie feststellen, dass Sie mehr Geld ausgeben, als Sie haben, und keine Rücklagen aufbauen, dann gibt es nur eines: Sie müssen verzichten.**

Natürlich denken Sie jetzt: „Aber ich kann doch auf nichts verzichten. Ich brauche doch mein Auto, in den Urlaub fahre ich ohnehin nur einmal im Jahr, und Rauchen ist eh nicht so teuer ..." – und so weiter, und so fort.

Verzichten Sie trotzdem! Denn Schulden belasten Sie, Ihren Geldbeutel, Ihren Partner, und sie nehmen Ihnen jeden Monat einen Teil von dem weg, was Sie verdienen.

Ein wenig möchte ich diese harten Aussagen aber doch einschränken: Es gibt tatsächlich auch „gute Schulden". **Gute Schulden sind die Schulden, die Sie machen, um Vermögenswerte zu erwerben.**

Vermögenswerte sind Dinge wie Häuser, auch bestimmte Wertpapiere – nämlich alles, was einen beständigen Wert hat und kontinuierlich Einkommen produziert. Und wenn Sie gute Schulden haben, dann können Sie sich sogar noch erhebliche Steuervorteile sichern.

Gute Schulden dürfen Sie machen, sobald Sie sich in einer der späteren Phasen des Network-Marketing-Unternehmers befinden.

Schlechte Schulden wie Konsumschulden für Urlaube, Vergnügen und andere vermeidbare Dinge sollen ab jetzt der Vergangenheit angehören.

Noch ein Tipp: Zum Thema Geldmanagement gibt es tolle Bücher wie z. B. „Reichtum kann man lernen. Was Millionäre schon als Kinder wussten" von Robert T. Kiyosaki. Seitdem es mir im Alter von 17 Jahren in die Hände gefallen ist, habe ich es schon Dutzende Male weiterempfohlen.

Wenn Sie nun Ihre finanzielle Situation geordnet haben und über die Geldflüsse Bescheid wissen, dann können Sie mit Teil 2 beginnen:

Einkommen

Um wirklich nachhaltig viel Geld zu haben, benötigen Sie in erster Linie ein hohes Einkommen. Sie sollten, jedenfalls in den ersten Jahren Ihrer Network-Marketing-Karriere, all Ihre Energie darauf verwenden, zu lernen, wie man ein hohes Einkommen im Network-Marketing erzielt, und sich nicht darum kümmern, eine Wohnung oder Ähnliches zu kaufen.

Immobilien zu besitzen ist sehr erstrebenswert, da sie zu den Vermögenswerten gehören. Doch für alle, die den zweiten Schritt vor dem ersten gehen wollen und zu früh mit dem Aufbau von Vermögen anfangen, entsteht schon kurz nach dem Kauf ein Problem: Sie besitzen zwar jetzt etwas Wertbeständiges, haben aber jeden Monat eine so hohe Belastung für Tilgung und Zinsen, dass kaum mehr Geld zum Leben übrig bleibt.

Sorgen Sie deshalb erst einmal dafür, dass Sie ein hohes Einkommen aufbauen, planen Sie Ihre Ausgaben und sparen Sie Geld für schlechte Zeiten und Investitionen an. Investieren Sie das Geld anfangs in nichts anderes als in Ihre Ausbildung wie Seminare, Schulungen, Bücher etc. – kurz in alles, was Ihnen zeigt, wie Sie ein Einkommen erwirtschaften, mit dem Sie dann später einmal Tilgungen oder Ähnliches leicht decken können, ohne dass Sie sich in irgendeiner Weise einschränken müssen.

Steuern und Abgaben

Der finanzielle Genickbruch für viele Neuunternehmer kommt nicht durch zu wenig Kunden oder schlechte Umsätze. Oft vergisst man in der Euphorie der Wachstumsphasen, dass einem das Geld, welches auf das Konto fließt, nicht allein gehört.

Denn auch das Finanzamt will seinen Teil vom Kuchen haben – und den soll es auch bekommen.

Legen Sie sich deshalb schon ab der ersten Abrechnung einen Teil des Geldes zu Seite oder überwiesen Sie es auf ein extra Steuerkonto. Fangen Sie damit sofort an, wenn Ihre erste Abrechnung kommt, und führen Sie das konsequent weiter. Dann kann Ihnen nichts passieren, und wenn Ihr Steuerberater (auch den sollten Sie haben!) Ihnen dann grünes Licht gibt und am Jahresende alles bezahlt ist (Vorsicht: Auch der Steuerberater kostet Geld), dann springt vielleicht vom Restgeld noch ein Urlaub für Sie heraus.

Und ein Urlaub ist definitiv vergnüglicher als Steuerschulden. Denn die machen gehörige Bauchschmerzen!

Sich selbst belohnen

Nachdem ich jetzt genug geklagt und Haushaltsdisziplin gepredigt habe, kommen wir zum angenehmen Teil der Veranstaltung: dem Geldausgeben.

Immer nur zu sparen und auf das Geld zu schauen, macht nur begrenzt Spaß. Deshalb sollten Sie auch darauf achten, dass Sie eine Kasse einrichten, die nur dafür da ist, für schöne Dinge ausgegeben zu werden. Das können Geschenke an sich selbst, Ausflüge, Essengehen oder jede andere Sache sein, die Ihnen Spaß und Freude bereitet.

Gönnen Sie sich etwas und haben Sie kein schlechtes Gewissen dabei. Wenn Sie eine Kasse einrichten, in die Sie jeden Monat 10 bis 20 Prozent Ihres Einkommens legen und es nur für Dinge ausgeben, die Ihnen Freude bereiten – dann steigert das Ihre Lebensqualität ungemein!

Wenn Sie hart arbeiten und dafür gutes Geld verdienen, dann tun Sie sich und Ihrem Umfeld etwas Gutes damit. Sie haben es sich verdient!

Druck

„Druck ist gut. Mit Druck kannst du besser arbeiten!" Diesen Spruch höre ich immer wieder. Doch er stimmt so nicht!
Es kommt immer darauf an, welcher Art von Druck man ausgesetzt ist. Hier gibt es zwei Arten, und zwar den Druck, den ich mir selbst mache, und den existenziellen Druck.

Existenzieller Druck ist der Druck, den ich habe, wenn ich meine Miete und Verbindlichkeiten kaum bezahlen kann und meine wirtschaftliche Existenz gefährdet ist. Denn im Network-Marketing bin ich selbstständiger Unternehmer und muss Menschen überzeugen, dass ich eine großartige Möglichkeit bieten kann, die Zukunft zu gestalten. Aber wie soll ich denn andere von so etwas überzeugen, wenn ich selbst nicht weiß, wovon ich meine Rechnungen bezahlen soll?
Das merken die Menschen, und ich muss wiederum mit Druck daran arbeiten, neue Interessenten aufzutun. Doch diese merken das erst recht und steigen gar nicht erst bei mir ein.
Wenn Sie existenziellem Druck unterliegen, dann gibt es für mich nur *einen* logischen Schritt: Suchen Sie sich einen festen Job, bringen Sie Ihre privaten und wirtschaftlichen Verhältnisse auf die Reihe, und wenn alles läuft,

dann starten Sie erneut durch und lassen sich die Zeit, die Sie benötigen.

So darf Druck niemals sein: negativ, existenziell, ohne Ziel.

Sie können sich aber auch positiven Druck machen. Geben Sie sich selbst ein Versprechen: etwa dass Sie innerhalb eines Jahres ein so regelmäßiges Einkommen aufbauen, dass Sie Ihren Hauptjob aufgeben und für 14 Tage in Ihren Traumurlaub fahren können.

Dann schreiben Sie gleich eine Kündigung an Ihren Chef. Aber die schicken Sie natürlich noch nicht ab – denn dazu ist es noch viel zu früh! –, sondern legen sie zu Hause an einen Platz, an dem Sie sie jeden Tag sehen. Erst wenn Sie Ihr Einkommensziel erreicht haben, dann kleben Sie eine Briefmarke darauf, werfen den Brief in den Postkasten und packen Ihren Koffer.

Denn so muss Druck aussehen: positiv, motivierend und mit einem Ziel.

So arbeiten die Profis

Um zu verdienen wie ein Profi, müssen Sie auch arbeiten wie ein Profi. Profis besorgen sich alle Informationen, die zur Erreichung ihrer Ziele notwendig sind, machen einen Plan und arbeiten dann diesen konsequent ab. Sie passen auf dem Weg zum Ziel je nach Situation ihren Plan an und kommen so dorthin, wo sie hinwollen.

Im Folgenden will ich auf einige extrem wichtige Punkte eingehen, die Sie beachten sollten, um wie ein echter Network-Marketing-Unternehmer zu arbeiten.

Investitionen
Viele Networker denken, dass das einzige zu tätigende Investment die Startgebühr oder das Einsteigerpaket am Anfang der Karriere wären. Das mag zwar die einzige Pflichtinvestition sein, um die Sie auf keinen Fall herumkommen. Wenn Sie aber hernach kein Geld mehr in Ihr Geschäft stecken, hat Ihr Vorgehen mit professioneller Arbeit nicht das Geringste zu tun.
Sie müssen zwar nicht wie ein klassischer Unternehmer in Waren oder Bürogebäude investieren, doch sollten Sie den Faktor Investitionen in Ihre Planung mit einbeziehen.

Erinnern Sie sich an die Formel vom Anfang dieses Buches? **Sein x Tun = Haben.**

Ihr größtes Kapital im Network-Marketing steckt in Ihnen selbst. **Sie müssen Experte in Ihrem Geschäft werden und deshalb in Ihre Fortbildung investieren.**
Ich rate Ihnen, alle Schulungen, Workshops und Seminare zu besuchen, die Sie bekommen können. Kaufen Sie sich Bücher über Erfolg, Network-Marketing und alle weiteren Bereiche, die Sie voranbringen. Das alles sind Investitionen, die sich vielfach auszahlen. Planen Sie dafür ein Budget ein – und außerdem genug Zeit, um zu lernen und sich kontinuierlich weiterzuentwickeln.

Kommunikation ist ein extrem wichtiger Part in Ihrem Geschäft. Ich habe schon häufig erlebt, dass Kontakte nicht angerufen wurden, weil die Prepaidkarte im Handy aufgebraucht war oder weil die Upline Angst hatte, die Telefonrechnung würde das Maß übersteigen.

Ich rate Ihnen, soweit die finanzielle Möglichkeit dazu besteht, **sich eine Flatrate für Ihr Mobiltelefon anzuschaffen.** Diese ist bei den günstigen Anbietern schon ab ca. 40 Euro im Monat zu haben – dafür telefonieren Sie rund um die Uhr ohne Aufpreis in alle Netze und müssen sich nie wieder Gedanken über Ihre Telefonrechnung machen. 40 Euro im Monat – das hört sich in den Ohren eines Neueinsteigers vielleicht nicht gerade nach sehr wenig Geld an, die Investition lohnt sich aber. Denn Sie haben dann die Möglichkeit, ohne Kostendruck so oft mit Ihren Partnern zu telefonieren, wie Sie wollen. Zudem können Sie

Ihr Handy zur allgemeinen Verfügung stellen. Damit brauchen sich Ihre Partner keine Sorgen wegen der eigenen Telefonkosten zu machen.

Am besten tun Sie das im Rahmen eines **gemeinsamen Telefonmeetings.** Es hat den entscheidenden Vorteil, dass die Partner dann wirklich bei ihren Kontakten anrufen. Wie oft hört man den Satz: „Das ist klasse. Ich werde diese Leute dann morgen von zu Hause aus anrufen." – Und wie oft passiert das dann wirklich? Ich fürchte, wahrscheinlich nur in einem von 100 Fällen.

Zuletzt möchte ich an Sie appellieren, in ein **ansprechendes und seriöses Auftreten** zu investieren. Sie wollen als eine Person gesehen werden, die anderen eine Chance geben kann, seinen Lebensstandard zu verbessern. Das sollten Sie auch ausstrahlen und durch Ihr Styling und Ihre Ausstattung zu erkennen geben.

Das ist wichtig, um genau die Gruppe von Menschen anzusprechen, die Sie für Ihr Geschäft gewinnen wollen.

Ihre Zielgruppe

„Was? Networker haben eine Zielgruppe? Aber bei mir darf doch jeder mitmachen, der will!"

Arbeiten auch Sie noch mit diesem Credo? Das ist zwar grundsätzlich richtig, wenn man einfach nur von den Prinzipien des Network-Marketing allgemein ausgeht. Wenn Sie aber wirklich professionell arbeiten wollen, ist es von der Strategie her grundfalsch.

Sicherlich: Theoretisch kann jeder in Ihr Network einsteigen, der will und der das Geld für den Einstieg auf den Tisch legt.

Doch wollen Sie wirklich mit *allen* zusammenarbeiten? Haben Sie wirklich lieber eine Downline mit zehn Personen, die ganz andere Interessen haben als Sie und die nicht so wirklich wissen, was sie eigentlich tun? Oder haben Sie lieber *einen* Partner, der mit Ihnen auf einer Wellenlänge liegt, der Ihre Interessen teilt und der mit Ihnen zusammen den Weg nach oben gehen will?
Sicherlich doch Letzteres. Und genau so arbeiten auch die „Großen" der Branche. Ihre Zeit wird im Laufe Ihrer Karriere immer wertvoller werden, und es wird immer weniger Platz für Bedenkenträger und Zeitdiebe geben.
Natürlich ist es anfangs schwer, darauf zu warten, dass die richtigen Partner kommen. Hier gilt der Spruch: **„Aus der Masse kommt die Klasse, und mit der Klasse mach ich Kasse!"**

Das bedeutet: Sie müssen mit sehr vielen Menschen sprechen und viele Menschen rekrutieren, damit sich aus all diesen Leuten eine Elite herausbildet, die sich zu Ihren Führungskräften entwickelt. Sprechen Sie mit so vielen Leuten wie möglich über Ihr Geschäft und suchen Sie in Ihrer Mannschaft nach den Menschen, die so sind wie Sie. Denn Ihre Zielgruppe ist einfach zu definieren: **Die besten Partner sind die Menschen, die so sind wie Sie.** Eine optimale Struktur besteht aus Ihnen und ein paar direkten, wirklich guten Freunden, die mit Ihnen das Geschäft betreiben. Gute Freunde sind schwer zu finden, und deshalb dürfen Sie nicht aufhören zu suchen, bis Sie mindestens fünf echte Freunde gefunden haben, die mit Ihnen an einem Strang ziehen.

Stellen Sie sich einfach folgende Fragen:
- Wer bin ich?
- Was bin ich?
- Was sind meine Hobbys und Interessen?
- Was motiviert mich?
- Wo will ich in meinem Leben hin?

Beantworten Sie diese Fragen schriftlich, dann haben Sie eine ziemlich genaue Vorstellung über Ihre Zielgruppe an der Hand. Denn Network-Marketing ist weit mehr eine Lebenseinstellung als ein Geschäft.

Wenn Sie bisher Ihre freie Zeit meistens zu Hause vor dem Fernseher verbringen, dann wird es Zeit, das schleunigst zu ändern! Zu Hause lernen Sie nämlich keine neuen Leute kennen! Aber genau das wäre eigentlich Ihr Job!

Gehen Sie hinaus in die Welt und machen Sie Erfahrungen mit neuen Orten, Dingen und Menschen. Seien Sie kommunikativ und auch ein bisschen neugierig, sprechen Sie mit den Leuten, tauschen Sie bei gegenseitiger

Sympathie die Telefonnummern aus und treffen sich erneut. Sprechen Sie mit den Menschen über deren Werte, Ziele und Bedürfnisse und halten Sie die Augen offen, ob sich Anknüpfungspunkte für Ihr Geschäft ergeben. Und wenn Sie einander kennen und die Situation passt, dann fangen Sie doch einmal so oder so ähnlich an:
„Du, da gibt es eine Sache, über die ich schon seit längerer Zeit mit dir sprechen will ..."

Gewinnen Sie den Menschen und geben Sie ihm mit Ihrem geschäftlichen Angebot die Lösung für seine Probleme in die Hand oder erfüllen Sie ihm damit einen Wunsch.

Positionierung
Positionierung – was für ein abgedroschenes Wort! Ich will diesen Punkt ganz kurz fassen, da es von mir zu diesem Thema bereits das Buch „Die Rekru-Tier Elevator Pitch" gibt.
Niemand auf der Welt kommt damit weiter, wenn er sich einfach als „Network-Marketing-Partner" darstellt. Jeder, der erfolgreich werden will, muss sich auf die eine oder andere Weise positionieren.
Oder, anders ausgedrückt: Sie müssen es schaffen, als jemand wahrgenommen zu werden, der andere zu etwas führt, das sie normalerweise nicht oder nur schwer erreichen können.
Kurz: **Sie müssen jemand werden, dessen Wort etwas zählt!**

Denn dann kommen die Leute von allein zu Ihnen. Wenn Sie beispielsweise dafür bekannt sind, dass Sie ein grandioser Erfolgscoach sind oder Rheumaschmerzen lindern können oder was auch immer, dann werden Sie sich nie wieder auf die Suche nach neuen Partnern machen müssen.

Natürlich geht das nicht von einem Tag auf den anderen, es ist jedoch entscheidend für Ihren langfristigen Erfolg.

Arbeitsweise
KISS: Das muss nicht immer eine Aufforderung zu Zärtlichkeiten sein. Wir können es auch mit der Kurzform für einen provokativen Rat zu tun haben:
„**K**eep **i**t **s**imple, **s**tupid!" („Halte es einfach, Dummkopf!")

Genau diese oft ausgesprochene Mahnung ist auch mein Rat an Sie – machen Sie sich Ihr Leben nicht schwerer, als es sowieso ist, und halten Sie es einfach.
Im Vertrieb tätig zu sein bedeutet, sich immer wieder anderen Herausforderungen zu stellen, täglich an den neuen Aufgaben zu wachsen und sein Ziel immer klar im Blick zu haben.

Viele sind deshalb versucht, alte Techniken und Taktiken über Bord zu werfen und das Rad neu erfinden zu wollen. Doch die Network- Größen haben zu einem bestimmten Zeitpunkt erkannt, dass dies gar nicht notwendig ist. Die in den großen Vertrieben bestehenden Leitfäden sind so konzipiert, dass damit die meisten Menschen erfolgreich sein können. Und sie haben sich tausendfach bewährt.

Natürlich gibt es Recruiter, die „bessere" oder „effizientere" Möglichkeiten für sich entdeckt haben, wie sie verkaufen, rekrutieren oder empfehlen. Doch in den meisten Fällen sind ihre Methoden nicht multiplizierbar und somit nicht zum Aufbau einer großen Organisation geeignet.

Lassen Sie sich also nicht von den Hauptaufgaben ablenken und folgen Sie den Leitfäden hin zum Erfolg.
Allerdings ist es wichtig, neue Impulse zuzulassen und mit der Zeit zu gehen. Damit sind nicht nur die Produkte, sondern auch die Arbeitsweisen gemeint. In einer Zeit von Internet und aufgeklärten Kunden gilt es wieder, sich auf das Wesentliche zu konzentrieren.

Suchen Sie sich eine Arbeitsweise, die Sie an Ihre Partner weitergeben können, die diese an die eigenen Partner weitergeben können, damit diese sie wiederum weitergeben können ... bis Sie eine große Organisation aufgebaut haben, die fast von allein läuft und Ihnen das Leben beschert, das Sie sich wünschen.
Und fangen Sie *jetzt* damit an, nach einem solchen System zu arbeiten.

Krisenmanagement

Dieser Teil des Buches wird vielen nicht gefallen, da er Themen anspricht, die in der Branche gerne totgeschwiegen werden. Wir werden über Abwerbung, das Wegbrechen und Ausscheiden von Partnern sprechen und wie Sie am besten mit diesen Problemen umgehen.

Jeder Mensch entwickelt sich sein ganzes Leben lang weiter, und dadurch sieht er auch häufig einen Grund für Veränderungen. Das gilt sowohl im positiven als auch im negativen Sinne. Es werden regelmäßig Menschen aus Ihrem Team ausscheiden, und diese Menschen werden nicht immer das Beste über Sie und Ihre Struktur zu berichten wissen.

Wenn Ihnen negatives Feedback entgegenschlägt und Sie sich nichts vorzuwerfen haben, dann sollten Sie gelassen bleiben und eine seriöse Diskussion anstoßen, um die Wogen wieder zu glätten.

Der wichtigste Grund für Misserfolg im Network-Marketing ist ebenso banal wie simpel: mangelnde Aktivität (auch Faulheit genannt), gepaart mit fehlendem Durchhaltevermögen.

Wenn jemand in Ihre Downline einsteigt und erwartet, dass er viel Geld verdient, ohne sich den sprichwörtlichen Arsch aufzureißen, und es klappt dann nach drei Monaten nicht mit dem großen Geld, wer ist dann daran schuld? Er? – Nein!

In seinen Augen werden Sie es sein oder die Firma, im günstigsten Fall noch irgendjemand anderes. Denn sonst müsste Ihr gescheiterter Partner zugeben, faul oder motivationslos zu sein. Die Wahrheit ist ja: Sein Aufwand hat einfach nicht ausgereicht, um die kritische Menge zu überschreiten und dann wirklich Network-Marketing zu betreiben.

Es ist ganz normal, dass immer wieder einmal Menschen scheitern, die die Verantwortung dafür von sich wegschieben und auf Sie schimpfen.
Lassen Sie es zu und machen Sie in dem Wissen weiter, dass der Zeitpunkt kommt, an dem Ihre heutigen Kritiker auf Sie zukommen und sagen: „Ich hab doch immer gewusst, dass du's schaffst!" – siehe oben.

Wenn Sie durchhalten wollen, kommen immer wieder Versuchungen auf Sie zu.
Es gibt einen Spruch, der lautet: „Das Gras auf der anderen Seite der Weide ist immer grüner."
Das bedeutet, bezogen auf Network-Marketing, so viel wie: „Da gibt es ein Network, das hat einen besseren Marketingplan, genialere Produkte, und da ist es viel einfacher, Geld zu verdienen, als bei uns."

Ist es aber gar nicht! Wenn es jemanden in Ihrer Firma in der höchsten Position gibt, der sehr viel Geld verdient, dann funktioniert das System. Und dann sollten Sie auch bei Ihrem Geschäft bleiben, wenn Sie sich einmal dafür entschieden haben.

Das Losungswort für alle Vertriebe heißt nämlich *Arbeit*. Nicht das System entscheidet darüber, ob Sie erfolgreich sind oder nicht – Sie selbst tun es.

Obwohl so etwas in der Branche immer häufiger passiert, **bin ich ein klarer Gegner von Abwerbungen.** Hier werden sehr gern Versprechungen gemacht, die meist nicht gehalten werden. Ich bin überzeugt, dass man jemanden, der in einer Firma sehr erfolgreich ist und gut verdient, nicht abwerben kann. Warum sollte er denn wechseln?

„Network-Hopping" betreiben nur die Erfolglosen, die immer glauben, dass das große Geld durch ein neues System oder eine neue Firma kommen wird, die sich innerhalb von kürzester Zeit zum Branchenprimus entwickelt und damit Leute en masse anlockt, um sie reich zu machen.

Doch solche Menschen brauchen wir nicht. Wir wollen Menschen, mit denen wir etwas aufbauen, etwas schaffen können, und diese Menschen müssen bereit sein, den Aufwand und auch die Kontinuität einzubringen, die dafür notwendig ist.

Ebenso gehört dazu, dass sich ein Networker auf genau *eine* Sache konzentriert.

Konzentration auf *eine* Sache

Ein normaler Job und die Tätigkeit in einem Network sind für einige Zeit gut miteinander zu vereinbaren. Doch zwei oder mehr Networks nebeneinander funktionieren nicht. Mir ist kein Fall bekannt, dass jemand die Spitze eines Marketingplans erreicht hätte, der in zwei Networks gleichzeitig tätig war.

Die Konzentration auf nur eine Sache schärft Ihre Sinne und setzt Ihren Fokus auf ein Ziel. Viele denken, mit mehreren Networks (ich haben schon Homepages gesehen, auf denen 14 Networks aufgeführt waren!) ließe sich auch mehr Geld verdienen. Doch dem ist nicht so!

Wenn Sie in mehreren Network-Marketing-Systemen eingeschrieben sind, dann suchen Sie sich bitte dasjenige heraus, in welchem Sie die meisten Chancen sehen, und geben alles andere ab. Denn nur dort können Sie genug Geld verdienen und Ihren Hauptjob aufgeben.

Damit sind wir beim nächsten sensiblen Thema: der Hauptberuflichkeit.

Hauptberuflichkeit

Meiner Erfahrung nach sollten Sie so lange in Ihrem Hauptjob tätig bleiben, wie es Ihre Zeit erlaubt. Denn ein fester Job bezahlt Ihre Rechnungen, und Sie können Ihr Geschäft in Ruhe und ohne Druck aufbauen.

Wenn Ihr Einkommen aus Ihrem Network-Marketing-Geschäft dann ein ähnliches Niveau wie das Ihres Festeinkommens erreicht, dann können Sie Ihrem Chef getrost Lebewohl sagen und richtig angreifen.

Ein Network-Marketing aufzubauen, ist wie die Gründung eines Unternehmens: Im Durchschnitt braucht es drei Jahre, bis Sie alles wissen, was nötig ist, und bis Sie ein stabiles System aufgebaut haben, das kontinuierlich (!) Einkommen produziert. Das kommt Ihnen zwar vielleicht lang vor, aber diese Zahlen entsprechen der Realität.

Mir persönlich ist es lieber, drei Jahre etwas mehr zu arbeiten und dann meinen Job für immer aufzugeben, als gleich zu kündigen und deswegen in finanzielle Engpässe zu geraten.
Denn wenn ich Probleme damit bekomme, mit meinen Einnahmen aus dem Network die laufenden Kosten zu bezahlen, muss ich meine Rücklagen angreifen. Und wenn diese nicht lang genug ausreichen, kann ich nach ein paar Monaten bei meinem Ex-Chef betteln, wieder für ihn arbeiten zu dürfen – vermutlich für ein um ein Drittel geringeres Gehalt.

Sehen Sie Ihre Anfangszeit im Network-Marketing wie eine Ausbildung oder ein Studium. Und Ihre weitere Karriere funktioniert dann analog wie in anderen Unternehmen der freien Wirtschaft:

Am Anfang lernen Sie viel und bekommen wenig dafür.

Wenn Sie dann die erforderlichen Fähigkeiten erworben haben, dann dürfen Sie sich ein Team aufbauen und dieses führen. Dann verdienen Sie schon an Ihren direkten Mitarbeitern mit.

Wenn Sie dann genug Führungsqualität entwickelt haben, sind Sie als Manager für die Führungskräfte Ihrer Organisation zuständig. Damit verdienen Sie sogar an den Führungskräften und deren Mitarbeitern mit.

Dann haben Sie die Gelegenheit, sich zu entwickeln und die Organisation aufzubauen, bis Sie zum Partner in der Firma werden.

Wenn das geschafft ist, verlagert sich Ihre Tätigkeit vom operativen Geschäft hin zur ganzheitlichen Betrachtung des Marktes und der Firma. Letztendlich können Sie nun einfach als Mitglied der Firmenführung weiterhin Einkommen für wenig Arbeit beziehen oder Ihre Anteile verkaufen.

Für diese ganze Entwicklung gilt stets: Sie allein bestimmen durch Ihren Aufwand, wie viel Erfolg Sie langfristig haben werden.

Quoten

Network-Marketing ist ein Quotengeschäft. Nicht jeder wird Kunde oder Partner, und wir können nur daran arbeiten, unsere Quoten zu verbessern, d. h. mehr Abschlüsse zu erzielen.

Für den Verkauf gibt es eine Faustregel, die besagt: Drei Termine sind ein Abschluss. Das heißt, ich muss drei Kunden besuchen, um einmal mein Produkt zu verkaufen. Natürlich gibt es je nach Firma und Produkt Unterschiede, aber letztendlich kommt bei der pauschalen Betrachtung der meisten Vertriebe eine Quote von 1 – 3 heraus.

Ähnlich verhält sich das auch mit den Partnern. Vielleicht steigt einer von drei Personen ein, mit denen Sie über Ihr Geschäft sprechen. Und von 15 Personen, die bei Ihnen einsteigen, werden acht aktiv, davon werben fünf neue Partner und nur einer davon erreicht eine höhere Position in Ihrer Organisation.
Nach dieser Rechnung müssten Sie mit 45 Personen über Ihr Geschäft sprechen, um einen Partner zu gewinnen, der eine höhere Position erreicht.

Sicherlich, das ist nur ein Beispiel und mit rein fiktiven Zahlen gerechnet. Was Sie aber daraus ersehen können, ist Folgendes: Wann dieser eine Partner kommt und ob es in der Reihe Ihrer Sponsorgespräche Person 1 ist oder Person 45, können Sie vorher einfach nicht wissen. Deshalb müssen Sie Gespräche führen, Gespräche führen und noch einmal Gespräche führen – und abwarten, was passiert.

Denn nur dann geht das Gesetz der großen Zahl auf, und nur dann können Sie auch von einer Quote sprechen.

Das Gesetz der großen Zahl ist im Network enorm wichtig. Es gibt Networker, die mit nur einer Person sprechen, die dann sofort startet und eine große Downline aufbaut. Und es gibt Networker, die 50 Gespräche führen, ohne dass jemand dabei ist, der wirklich Umsatz bewirkt.
Natürlich sind das Extrembeispiele, so etwas kommt jedoch immer wieder vor. Letztendlich pendelt sich die Zahl der Abschlüsse mit der Steigerung der Anzahl von Gesprächen aber auf die Quote ein.

Nehmen wir wieder unser Beispiel mit den Verkaufsgesprächen. Bei kleinen Zahlen wie z. B. drei Verkaufsgesprächen kann es zu sehr unterschiedlichen Ergebnissen kommen, etwa:

Fall	Gespräch 1	Gespräch 2	Gespräch 3	
1	Abschluss	kein Abschluss	kein Abschluss	(Das normale Verhältnis von 1:3, also ein Kunde kauft)
2	kein Abschluss	kein Abschluss	kein Abschluss	(Das Ergebnis von 0:3, also kein Kunde kauft)
3	Abschluss	Abschluss	Abschluss	(Das Ergebnis von 3:3, also jeder Kunde kauft)

So unterschiedlich die Ergebnisse sind, so belanglos sind sie für die Sicht auf das große Ganze. Denn erst wenn man 100 statt drei Gespräche als Grundlage für die Berechnung der Abschlusserfolge nimmt, kommt die tatsächliche Quote ans Licht, etwa die schon erwähnte „Standardquote" von 1:3.

Denken Sie deshalb bei Ihren Sponsorgesprächen immer daran, dass jedes einzelne im Grunde genommen nicht zählt. Network-Marketing ist ein Quotengeschäft, und erst wenn Sie ca. 100 Gespräche über Ihr Geschäft geführt haben, erhalten Sie Ihre persönlichen Quoten.

So leben die Profis

Wer wirklich zum erfolgreichen Profi im Network-Marketing werden will, der muss auch leben wie ein Profi.

Insbesondere von den Größen der Branche hört man folgenden Spruch: „Network-Marketing ist kein Beruf, sondern eine Lebenseinstellung."

Denn für den Networker gelten keine geregelten Arbeitszeiten oder ähnliche Vorgaben der Firma. Das bedeutet, jeder ist dafür, was und wie viel er tut, selbst verantwortlich.

Und da fängt die Misere schon an: Die meisten Neueinsteiger im Network kommen aus einem ganz normalen Job, d. h. sie sind von 8 bis 18 Uhr in der Firma und haben einen Chef, der ihnen die Aufgaben vorgibt, die erfüllt werden müssen. Sie bekommen Regeln und Verhaltensweisen aufgezeigt, die sie zu befolgen haben, wenn sie längerfristig in der Firma bleiben wollen. Und am Anfang des Monats (vielleicht auch erst in der Mitte oder am Ende) kommt dann das vorher schon vereinbarte Gehalt auf das Girokonto.

Und wenn diese Menschen dann in ein Network einsteigen, sehen sie sich einer völlig ungewohnten Situation gegenüber: Sie können selbst entscheiden, wann und wie viel sie arbeiten und mit wem. Ob sie z. B. von 8 bis 20 Uhr oder nur von 12.30 bis 14.00 Uhr arbeiten, interessiert außer ihnen selbst niemanden. Es ist einfach keiner mehr da, der für sie die Entscheidungen trifft oder der Regeln aufstellt, die zu befolgen wären. Und das Geld kommt eben auch nicht regelmäßig einmal im Monat, was zu erheblichen Problemen mit Vermietern und anderen Institutionen führen kann.

Damit das nicht passiert, ist es wichtig, schon von Anfang an Regeln für sich selbst aufzustellen. Hier ist eine gute Führungskraft mit Erfahrung Gold wert. Aber unbedingt notwendig ist sie nicht.
Die im Folgenden aufgeführten Punkte sollten Sie auf jeden Fall beachten, wenn Sie ein echter Network-Marketing-Unternehmer werden wollen.

Zeitmanagement

Als Networker unterliegen Sie (außer Sie haben noch einen festen Hauptjob) keinen verbindlichen Zeitverpflichtungen. Und genau dort lauert die Gefahr.
Denn es gibt unglaublich viele Dinge, die unsere Aufmerksamkeit wunderbar ablenken und uns davon abhalten, das zu tun, was wichtig ist. Dazu gehören unter anderem folgende „Zeitdiebe":

- Fernsehen
- Internetsurfen
- Einkaufen
- Ausschlafen
- Aufräumen

Natürlich sind manche von diesen Dingen auch mehr oder weniger wichtig. Doch Ihren Alltag sollten Sie zuallererst mit den Prioritäten füllen, die Ihren Erfolg im Network-Marketing maßgeblich beeinflussen.

Diese Prioritäten sind: Verkauf, Rekrutierung und Ausbildung. Das ist es, was Sie als Erstes in Ihren Terminplan aufnehmen sollten – alle anderen Aktivitäten können Sie hintanstellen.

Nehmen Sie sich feste Arbeitszeiten vor und sorgen Sie dafür, dass Sie in diesen Zeiten nicht gestört oder abgelenkt werden.

Doch wie können Sie wissen, wie Ihr tägliches Programm aussieht? – Ganz klar: Sie brauchen einen Plan!

Ihr Arbeitsplan

Um nicht aus dem Konzept zu geraten und um den Überblick zu behalten, ist es wichtig, dass Sie einen Plan aufstellen. Konkret sollte darin einmal Ihr Pensum für die Woche und dann auch für den Monat ersichtlich sein.

Es ist darüber hinaus sinnvoll, sich auch langfristige Pläne anzufertigen – für ein Jahr oder sogar für fünf Jahre. Diese Pläne sollten den Weg aufzeigen, den es im Laufe der geschäftlichen Karriere zu gehen gilt.

Ein wichtiger Grundsatz ist: **Planen Sie immer nur Aktivitäten, keine Ergebnisse!** Denn die Ergebnisse können Sie nicht unmittelbar beeinflussen. Trotzdem ist es möglich, sie indirekt in Ihre Zielplanung mit einzubauen – denn sie ergeben sich ja aus Ihrer Quote und der Zahl Ihrer Aktivitäten.

Um als einfaches Beispiel noch einmal das Thema Verkaufsgespräch zu strapazieren: Planen Sie statt einem Verkaufserfolg drei Verkaufsgespräche. Wenn Sie Ihre eigenen Vorgaben über Wochen hinweg einhalten, stimmt das Ergebnis, sofern Sie Ihre Quote vorher korrekt ermittelt haben.
Genauso sollten Sie auch mit Ihren Sponsorgesprächen und allen weiteren Aktivitäten vorgehen.

So könnte ein Wochenplan für einen Nebenberufler aussehen, der es schaffen will:

	Mo	Di	Mi	Do	Fr	Sa	So
8.00 – 9.00 h	Hauptjob	Hauptjob	Hauptjob	Hauptjob	Hauptjob	Fortbildung	privat
9.00 – 10.00 h	"	"	"	"	"	Fortbildung	"
10.00 – 11.00 h	"	"	"	"	"	Direktkontakt	"
11.00 – 12.00 h	"	"	"	"	"	Direktkontakt	"
12.00 – 13.00 h	"	"	"	"	"	privat	"
13.00 – 14.00 h	"	"	"	"	"	privat	"
14.00 – 15.00 h	"	"	"	"		Sponsorgespräch	"
15.00 – 16.00 h	"	"	"		"	Sponsorgespräch	"
16.00 – 17.00 h	"	"	"		"	Internet	
17.00 – 18.00 h	privat	privat	privat	privat	privat	Familienabend	Sponsorgespräch
18.00 – 19.00 h	"	"	"		"	"	Wochenplanung
19.00 – 20.00 h	Verkaufsgespräch	Teammeeting	Sport	Sponsorgespräch	Sport		Telefonieren
20.00 – 21.00 h	Internet	Teammeeting	Sport	Telefonieren	Telefonieren	"	Telefonieren
21.00 – 22.00 h			Internet		Internet		

Sie können aber auch einen zeitunabhängigen Aktivitätsplan anfertigen, der alle Aktivitäten auflistet oder grafisch darstellt, die Sie in der jeweiligen Woche abarbeiten müssen.

Als Networker sollten Sie ab einem gewissen Zeitpunkt ca. 80 Prozent Ihrer Zeit darauf verwenden, neue Partner zu sponsern. Dann könnte Ihr zeitunabhängiger Wochenplan beispielsweise in etwa so aussehen:

Aktivität	Status
Sponsorgespräch Herr A	
Sponsorgespräch Frau B	
Sponsorgespräch Frau C	
Sponsorgespräch Herr D	
Sponsorgespräch Herr E	
Sponsorgespräch Frau F	
Sponsorgespräch Herr G	
Telefonat Terminierung Frau H	
Telefonat Terminierung Herr I	
Telefonat Terminierung Herr K	
Telefonat Terminierung Frau L	
Telefonat Terminierung Frau M	
Telefonat Terminierung Herr N	
Telefonat Terminierung Frau O	
Telefonat Terminierung Frau P	
Neuen Kontakt generieren 1	
Neuen Kontakt generieren 2	
Neuen Kontakt generieren 3	
Neuen Kontakt generieren 4	
Neuen Kontakt generieren 5	
Neuen Kontakt generieren 6	
Neuen Kontakt generieren 7	
Neuen Kontakt generieren 8	

Diesen Plan können Sie auf ein DIN-A4-Blatt aufzeichnen und in die Hosentasche stecken. Und sobald Sie einen Punkt abgearbeitet haben, dürfen Sie ihn rechts im Feld „Status" abhaken. Dadurch ergibt sich eine tägliche Arbeitsmethode und Sie werden immer effektiver in Ihrer Arbeit.

Nehmen Sie sich für Ihre Planung immer genug Zeit und setzen Sie sich einen festen wöchentlichen Termin dafür fest. Das könnte z. B. jeden Sonntag von 18 bis 19.30 Uhr sein.

Dann können Sie gleich am Montag mit voller Energie in die Woche starten und müssen nicht mehr darüber nachdenken, was Sie als Nächstes tun können oder sollen. Die Aufgabe ist einfach und in einem Wort erklärt: abarbeiten.

Denn wenn Sie nur Ihren Plan abarbeiten müssen, haben Sie wirklich den Kopf frei für die wichtigen Aufgaben. Und alles in allem haben Sie letztlich viel mehr Zeit. Sobald nämlich Ihre Aufgaben erfüllt sind und Sie Ihre Tagesziele erreicht haben, können Sie sich guten Gewissens Ihrer Familie oder Ihren Hobbys widmen! Und das ist doch der eigentliche Grund, warum Sie ins Network-Marketing eingestiegen sind, oder?

Wenn Ihr Plan abgearbeitet ist, dann fehlt nur noch ein kleiner Schritt zu einer wirklich erfolgreichen Arbeitsmethode: die ständige Erfolgskontrolle!

Testen und messen

Profis wissen genau, welchen Aufwand sie betreiben müssen, um ein bestimmtes Ergebnis zu erreichen. Dazu ist es notwendig herauszufinden, welcher Aufwand zu welchem Ergebnis führt.

Sie sollten sich jede Woche Ihren Handlungsplan vornehmen und sich in einer Tabelle notieren, welchen Aufwand Sie betrieben haben und welche Ergebnisse Sie damit erzielen.

Wenn Sie das über einen gewissen Zeitraum für sich anwenden, können Sie erkennen, welche Methoden und Aufgaben den größten Nutzen für Sie bringen. Das spart Ihnen wiederum bei zukünftigen Aktivitäten viel Zeit, da Sie sich dann auf diejenigen Methoden konzentrieren können, die wirklich die besten Ergebnisse hervorbringen.

Zudem verbessert das Ihre Fähigkeit zu planen. **Wenn Sie die Quote Ihrer Tätigkeiten über einen längeren Zeitraum genau beobachtet haben, dann sind Sie plötzlich fähig, ziemlich genau einzuschätzen, welche Ergebnisse mit welchem Aufwand erzielt werden können.**

Sehen wir uns dazu ein Beispiel an.
Nehmen wir an, Ihre Quoten wären folgende:

Direktkontaktquote
(1 Telefonnummer erhalten nach Ansprache von wie
vielen Personen?):   1:3

Erfolgreiche Terminvereinbarung bei Nummern aus
Direktkontakt: 3:4

Person steigt in mein Network ein: 1:4

Nehmen wir nun an, Sie planen in den nächsten vier Wochen die Einstellung von drei neuen direkten Geschäftspartnern. Dann können Sie ziemlich genau berechnen, wie viele Menschen Sie ansprechen müssen, um diese zu bekommen.

Das sind:

3 Partner x 4 Sponsorgespräche = 12

x (4 : 3) Terminvereinbarungen = 16

x 3 Direktkontakte

= 48

Das bedeutet bei diesen Quoten, Sie müssen mindestens 48 Personen per Direktkontakt ansprechen, um letztendlich drei neue Partner für Ihr Geschäft zu gewinnen.

Wenn Sie dieses Ergebnis in vier Wochen erreichen wollen, dann müssen Sie pro Woche neun Personen per Direktkontakt ansprechen. Das können Sie dann in Ihren Plan übernehmen und können so im Vorhinein schon abschätzen, welches Ergebnis Sie bewirken werden.

Das sind rein rechnerisch 1,8 Kontakte pro Tag, die Sie kontinuierlich im Lauf von vier Wochen einplanen müssen, um Ihr Ergebnis von drei neuen Partnern zu erreichen.

Das klingt einfach – und tatsächlich ist es die einfache Mathematik, die Network-Marketing so genial macht.

Kommen wir nun zu einem Punkt, der so entscheidend ist wie Ihre Tätigkeit im Network-Marketing selbst.

Erfolge genießen

Erfolg ist keine gerade Verbindung von Punkt A und Punkt B. Erfolg ist das Ergebnis aus persönlicher Entwicklung (Sein) und aktivem Handeln (Tun). Sie werden nicht auf Anhieb alles schaffen, von Anfang bis Ende nur auf der Sonnenseite stehen und einen Erfolg nach dem anderen verzeichnen.

Der Weg zum Erfolg ist ein ständiges Auf und Ab mit vielen Widerständen und Hindernissen, die teilweise unüberwindbar zu sein scheinen. Denn wenn der Weg einfach wäre, dann würde ihn jeder gehen.
Das Glück gehört dem Tüchtigen. Denn Glück ergibt sich aus dem Zusammenspiel von Vorbereitung und Gelegenheit. Vorbereiten können Sie sich jetzt, und dann haben Sie für die Zukunft alle notwendigen Kenntnisse und Fähigkeiten an der Hand, wenn plötzlich die Gelegenheit an Ihre Tür klopft.
Wenn Sie genug Aufwand betreiben und durchhalten, dann wird sich auch Erfolg einstellen. Den meisten Menschen bleibt dieses Gefühl verwehrt, da sie zu früh aufgeben und das Ziel aus den Augen verloren haben.

Meiner Ansicht nach ist ein Ziel (es dürfen auch mehrere Ziele sein!) eines der wichtigsten Dinge im Leben eines Menschen. Ziele lassen uns mit Begeisterung an eine Sache herangehen, und sie lassen uns durchhalten, wenn der Weg steil und steinig wird. Je größer das Ziel ist, desto besser können wir über die kleinen Dinge hinwegsehen, die uns den Weg versperren.
Ich fordere Sie dazu auf, daran zu glauben, dass Sie alles haben, sein oder werden können, was Sie sich vorstellen.

Dass das wirklich so ist, dafür gibt es unzählige Beweise. Sie müssen nur wissen, was Sie wollen, und Sie müssen bereit sein, den Preis dafür zu bezahlen. Reich sein will jeder. Aber nicht jeder hat auch genaue Vorstellungen davon, wie er das erreicht. Und nur die wenigsten erstellen einen Plan dafür. Höchstens 10 Prozent der Menschen machen sich schließlich überhaupt auf den Weg dorthin.

Network-Marketing kann bei Ihnen – egal wo Sie heute stehen – den Grundstein dafür bilden, dass Sie in der Zukunft ein glückliches, erfülltes Leben führen können.
Doch um zu gewinnen, müssen Sie sich vorbereiten zu gewinnen, planen zu gewinnen und erwarten zu gewinnen.
Und genau das wünsche ich Ihnen: Handeln Sie, säen Sie Ihren Samen, und dann ernten Sie und führen Sie ein großartiges Leben!

Viel Spaß auf dem Weg dorthin!
Ihr Alexander Riedl

Noch ein Wort zum Schluss:
Genau *jetzt* ist der Zeitpunkt, auf den Sie schon immer gewartet haben. *Jetzt* ist es Zeit, die eigenen Bedenken, Ängste und Schwächen zu überwinden und zu *handeln!*
Jetzt!

Bonuskapitel: Zielfindung, Planung und Zielerreichung

Zielerreichung – wie funktioniert das eigentlich?

Dafür gibt es die **ZPH**-Formel. Das Kürzel steht für **Ziel**, **Plan**, **Handeln**.

Beachten Sie dabei vor allem die Reihenfolge: Wenn Sie einfach drauflosarbeiten, also handeln, ohne sich vorher ein Ziel zu setzen und zu planen, dann werden Sie scheitern. Also immer alles der Reihe nach!

Denn wenn Sie Ihr Ziel genau kennen und einen Plan haben, wie Sie es erreichen, dann ist die Erreichung nur noch ein simples Abarbeiten.

Der erste Punkt ist also ein guter alter Bekannter: Ziele!

Jeder weiß: Damit man ein Ziel erreichen kann, muss man erst einmal wissen, wie es überhaupt aussehen soll. Oder sind Sie schon einmal „irgendwohin, wo es schön ist" in Urlaub gefahren? Das heißt: Ohne klar definierte Ziele kein Erfolg.

Denken Sie daran, dass **Ziele immer spezifisch, messbar, ergebnisorientiert und mit einem Zeitpunkt versehen sein müssen.**

Beispiel: „Am 01.06.2013 werde ich aus meinem Network-Marketing-Geschäft pro Monat ein Einkommen von 3500 Euro beziehen."

Mit der Zieldefinition haben Sie den ersten Schritt zum Erfolg getan.

Im Anhang (Seite 126) finden Sie ein Formular, in dem Sie Ihre Ziele festhalten können.

Was mir aber viel wichtiger ist und woran die meisten Unternehmer (keineswegs nur die im Network) scheitern, ist nicht die Zielsetzung. Es ist die Zielerreichung.

Sie besteht immer aus zwei Komponenten: nicht nur der **Zielvorgabe** (Ihrem Traum, Wunsch oder Ähnlichem), sondern eben auch dem **Handeln** (dem aktiven Tun).

Doch das vergessen die meisten. Überspitzt ausgedrückt: Sie sitzen herum und warten, dass der perfekte Mitarbeiter, der kaufwillige Kunde oder irgendein anderes positives Ereignis in ihr Leben tritt. Was aber bekanntlich ohne eigenes Zutun äußerst selten passiert. – Ziele aufschreiben, definieren und visualisieren kann (fast) jeder. Aber handeln, das tun die wenigsten.

Wie gut bin ich im Moment?

Wie gut „ZPH" (Seite 114) bei Ihnen im Moment funktioniert, finden Sie ganz leicht heraus. Bewerten Sie dazu einfach sich selbst für jeden der drei Bausteine auf einer Skala von 1 bis 10. Die Zehn steht dabei für die absolute Perfektion, die Eins für völliges Versagen. Und seien Sie dabei bitte absolut ehrlich zu sich selbst!

Wir beginnen mit Ihrem **Ziel**:
- 1 = Ich weiß überhaupt nicht, was ich will.
- 10 = Ich weiß bis ins Detail, was ich will, ich bin fokussiert wie ein Laser.

Ihr Wert: ....

Und weiter geht's mit dem **Plan:**

▓ 1 = Ich habe gar keinen Plan und mache einfach drauflos.

▓ 10 = Ich habe zu 100 Prozent alles durchgeplant, weiß, was wichtig ist und welche Schritte exakt zum Ziel führen.

Ihr Wert: ....

Und zuletzt kommen wir zum **Handeln:**

▓ 1 = Ich bin stinkfaul.

▓ 10 = Ich arbeite so fleißig wie eine Biene und bin ständig dabei, zu „machen".

Ihr Wert: ....

Um Ihr **Gesamtergebnis** zu ermitteln, multiplizieren Sie jetzt einfach wieder Ihre Zahlen für alle drei Bereiche miteinander.

Beispiel: Ihre Selbsteinschätzung war:

Ziel: 4
Plan: 3
Handeln: 2

Ihr Gesamtergebnis ist also: 4 x 3 x 2 = **24**.

In diesem Fall hätten Sie also nur 24 von 1000 (10 x 10 x 10) möglichen Punkten erreicht!

Was man an diesem Test sehr schön sehen kann: Es ist durchaus kein Zufall und auch kein Wunder, dass die einen Erfolg haben und Ziele erreichen und andere eben nicht. Machen Sie sich also klar, wie wichtig es ist, genau definierte Ziele zu haben, einen durchdachten Plan zu entwickeln und dann danach zu handeln.

Die Analyse Ihrer aktuellen Situation

Richtige Planung beginnt normalerweise mit einer Analyse der aktuellen Situation. Denn um zu wissen, wo es hingehen soll, müssen Sie erst einmal herausfinden, wo Sie stehen.

Die folgenden vier Faktoren sollten Sie dafür genau untersuchen:

- Ihre Stärken
- Ihre Schwächen
- Ihre persönlichen Chancen
- die Gefahren.

Ihre Stärken

Listen Sie auf, in welchen Bereichen Sie besonders gut sind und über welche Fähigkeiten Sie verfügen, die Sie von der Masse abheben.

Beispiele:

- „Ich bin top informiert über das Produkt, seinen Aufbau und seine Vorteile."
- „Ich bin ein exzellenter Verkäufer."

Ihre Schwächen

Sammeln Sie die Punkte, wo Sie bei sich selbst Verbesserungsbedarf sehen – aber auch Verbesserungspotenzial. **Dieser Teil der Analyse ist mit Abstand der wichtigste**, da Sie hier erkennen, woran Sie arbeiten müssen, um Ihre Ziele zu erreichen. Denn wir stehen im Leben immer dort, wo uns die Dinge hingebracht haben, die wir können.

Und entsprechend ist das, was wir heute lernen und anwenden, dafür verantwortlich, wo wir in Zukunft stehen und wie unser Leben dann aussieht. Wenn Sie jetzt nicht beginnen, sich zu entwickeln, werden Sie in zehn Jahren immer noch dort sein, wo Sie jetzt stehen.

Beispiele:

- „Ich habe Probleme damit, andere Menschen auf mein Geschäft anzusprechen."
- „Ich kann meinen Marketingplan nicht so erklären, dass andere daran Interesse haben."

Ihre persönlichen Chancen

Listen Sie auf, welche Chancen sich für Sie dadurch ergeben, dass Sie das Geschäft betreiben. Überlegen Sie sich, wo Potenziale stecken oder wo Sie die Leute finden, die Sie für Ihr Geschäft brauchen.

Beispiele:

- „Über meinen Unternehmerstammtisch kann ich neue Kontakte aufbauen."

▨ „Wenn ich den Direktkontakt gelernt habe, kann ich jederzeit auf Menschen zugehen und sie für mein Geschäft gewinnen."

Die Gefahren

Am Rand des Weges zu Ihren Zielen lauern viele Gefahren. Erfolg ist nichts anderes als die Prämie dafür, dass Sie sich selbst überwunden haben. Und wenn Sie nicht den *ganzen* Weg gehen, dann werden Sie auch nie wirklich erfolgreich werden.

Deshalb ist es notwendig, sich auch die Gefahren gleich zu Anfang bewusst zu machen: dann sind Sie darauf vorbereitet und können richtig reagieren.

Beispiele:

▨ „Wenn ich häufig abends Präsentationen habe, verärgere ich meinen Partner."

▨ „Um richtig Gas geben zu können, muss ich im ersten Jahr auf Urlaub verzichten."

Was auch immer Ihre Stärken und Schwächen sind oder die Gefahren, die auf Ihrem Weg lauern: Sie können jetzt alles, was Sie tun, darauf abstimmen.

Überlegen Sie sich, was notwendig ist, um Schwächen zu überwinden, Stärken noch besser zur Geltung zu bringen, Gefahren aus dem Weg zu räumen und Chancen zu nutzen. Schreiben Sie alles auf und machen Sie sich Ihren persönlichen „Masterplan".

Am Ende dieses Buches, im Anhang (ab Seite 126), finden Sie wieder praktische Tools dazu.

Ihre persönliche Zielgruppe

Wenn Sie Geschäftspartner für eine wirklich fruchtbare Zusammenarbeit gewinnen wollen, sollten Sie Freunde suchen. Also Menschen, mit denen Sie sich verstehen, zu denen Sie eine positive persönliche Bindung haben. Mit ihnen werden Sie langfristig auch die besten Umsätze machen.

Ich habe es in diesem Buch schon einmal erklärt (Seite 43): Wahre Freunde haben in der Regel ein wesentliches Kennzeichen: Sie haben Ähnlichkeit mit Ihnen.
Und so etwas kann man gewöhnlich auch konkretisieren.

Beispiele:
- „Sportinteressierte Männer"
- „Frauen über 30 mit Hautproblemen"
- „Musikfans"
- „Wohlhabende Gourmets".

Ihre Zielgruppe lässt sich somit anhand von Geschlecht, Alter, Interessen oder Einkommen definieren.
Extrem wichtig ist, dass Sie genau überlegen, was Ihre Zielgruppe will. Welche Bedürfnisse haben die Menschen, die für Ihr Geschäft interessant sind?
Die nächste Frage lautet dann: Wo finde ich sie?

Wenn Sie diese Fragen für sich beantwortet haben, dann sind Sie schon einen großen Schritt weiter. Denn dann können Sie ganz gezielt auf die „heißen" Kandidaten zugehen und brauchen sich um alle anderen nicht mehr zu kümmern. Das spart Zeit, es bringt am schnellsten Ergebnisse.

Und das Beste daran: Wenn Sie diese Übung für sich durchgeführt haben, dann wissen Sie mehr als 98 Prozent aller anderen Networker!

Im Anhang (Seite 131) finden Sie eine Schablone, in der Sie die Kriterien für Ihren perfekten Kandidaten zusammenstellen können.

Ihr Plan: So kommt alles zusammen

Wenn Sie mit Ihrem Plan Erfolg haben wollen, dann muss dieser schriftlich fixiert werden. Das ist aus verschiedenen Gründen wichtig.

Erstens bleiben Sie motiviert, weil Sie immer vor Augen haben, was das Ziel all dessen ist, was Sie tun. Das ist wichtig, da im Alltag oder bei Rückschlägen die Motivation in den Keller geht und es schwer ist, sich aus diesem „Loch" herauszukämpfen.

Wenn Sie Ihren Plan schwarz auf weiß in Händen haben, dann behalten Sie den Blick auf das große Ganze und können sich auf das konzentrieren, was wirklich wichtig ist: das (geplante) Endergebnis.

Ein weiterer guter Grund für eine schriftliche Fixierung Ihres Plans ist, dass Sie dann überprüfen können, wie weit Sie schon gekommen sind und welche Nachbesserungen Sie gegebenenfalls vornehmen müssen.

Zudem werden Sie feststellen, dass Sie viel selbstbewusster und offener auf die Menschen zugehen können, da Sie nun einen „Auftrag" verfolgen und nicht irgendwie „herumeiern". Das hilft Ihnen dabei, Ihre Unternehmerpersönlichkeit zu entwickeln.

Ihr Pensum: Fordern Sie sich – aber bleiben Sie realistisch

Schreiben Sie den Plan so detailliert und genau, als ob er für jemand anderen wäre als Sie selbst.

Setzen Sie sich hohe und ambitionierte Ziele und scheuen Sie keine schwierigen Aufgaben. Überfordern Sie sich aber auch nicht, denn nichts ist demotivierender als überzogene Ziele und Aufgaben, an denen Sie scheitern – vielleicht schon in den ersten Tagen.

Beispiel:

Sie sind extrem motiviert und planen, im nächsten Jahr jeden Tag mit zehn neuen Leuten über Ihr Geschäft zu sprechen.

Wenn Sie keine Übung darin haben und bisher im Monat nur mit zwei Menschen sprachen, dann werden Sie sicherlich scheitern. Sie haben einfach zu wenig „Praxis", und es fehlt Ihnen (noch) an den nötigen Fähigkeiten.

Wenn Sie in einer solchen Weise planen, ist das, als würden Sie versuchen, einen hoch komplizierten Kampfjet zu fliegen. Ein Kampfjet ist unglaublich schnell – aber er braucht einen Piloten, der weiß, wie es geht, und der top trainiert ist. Wenn ein Laie versucht, ein solches Flugzeug zu steuern, dann wird er innerhalb kürzester Zeit abstürzen.

Geben Sie also nicht gleich „Vollgas", sondern bauen Sie sich langsam selbst auf.

Kurzfristig weniger ist oft langfristig mehr

Denken Sie bei der Planung immer an eines: Die meisten überschätzen, was sie in kurzer Zeit schaffen können, aber unterschätzen, was langfristig erreichbar ist.

Wenn Sie sich vornehmen, sofort, von heute ab, jeden Tag zehn Menschen anzusprechen, und dann nach drei Tagen (so lang werden Sie als Ungeübter wahrscheinlich gar nicht durchhalten) scheitern, haben Sie mit 30 Personen gesprochen.

Wenn Sie sich aber vornehmen, jeden Tag mit nur einer neuen Person zu sprechen, dann ist das eine viel leichtere Aufgabe. Nach einem Jahr haben Sie dann, sagen wir (wenn Sie ein paar Wochenenden „freinehmen" und sich ab und zu einmal gehen lassen) rund 300 Menschen auf Ihr Network angesprochen.

Das sind zehnmal mehr als bei einer übermotivierten und unrealistischen Planung.

Damit Sie solche Fehler nicht begehen und wirklich vorausschauend planen, ist es wichtig, dass Sie die im vorherigen Kapitel geschilderten Schritte gewissenhaft durchführen und Ihre Stärken, Schwächen, Chancen und Gefahren definieren – das ist die Voraussetzung, um wirklich erfolgreich zu sein.

Wie geht es weiter?

Tun Sie jetzt den ersten Schritt zum erfolgreichen Network-Marketing-Unternehmer, füllen Sie die nachstehenden Formulare aus und schaffen Sie sich Ihren eigenen Erfolgsplan!

Wenn Sie Ihren „großen" Plan verfasst haben, dann empfehle ich Ihnen, auf dieser Grundlage einen **90-Tages-Plan** zu erstellen, also genau festzulegen, was Sie in den nächsten 90 Tagen tun und wie Sie das im Einzelnen durchführen. Nehmen Sie sich dafür einen ganzen Tag Zeit, planen Sie bis ins Detail und definieren Sie exakt alle Ziele, die Sie erreichen wollen.

Wenn Sie diese Übung gewissenhaft durchführen, dann werden Sie für drei Monate keinen Gedanken mehr daran verschwenden müssen, was es zu tun gibt und warum. Denn dann haben Sie den Kopf frei, es einfach zu **tun**!

Und genau dazu möchte ich Sie jetzt auffordern! Viel Spaß und Erfolg dabei!
Ihr Alexander Riedl

Anhang:
Formulare

Meine Ziele

Schreiben Sie hier Ihre Ziele auf. Bitte auch die Termine für die Zielerreichung nicht vergessen!

1. ....

2. ....

3. ....

4. ....

5. ....

Meine Situation

Meine Stärken:

1. ....

2. ....

3. ....

4. ....

5. ....

So gehe ich damit um:

Zu 1. ....

Zu 2. ....

Zu 3. ....

Zu 4. ....

Zu 5. ....

Meine Schwächen:

1. ....

2. ....

3. ....

4. ....

5. ....

So gehe ich damit um:

Zu 1. ....

Zu 2. ....

Zu 3. ....

Zu 4. ....

Zu 5. ....

Meine persönlichen Chancen:

1. ....

2. ....

3. ....

4. ....

5. ....

So gehe ich damit um:

Zu 1. ....

Zu 2. ....

Zu 3. ....

Zu 4. ....

Zu 5. ....

Gefahren:

1. ....

2. ....

3. ....

4. ....

5. ....

So gehe ich damit um:

Zu 1. ....

Zu 2. ....

Zu 3. ....

Zu 4. ....

Zu 5. ....

Mein perfekter Geschäftspartner

Definieren Sie hier die Eigenschaften Ihres „Ideal-Geschäftspartners":

Geschlecht: ....

Alter: ....

Einkommensklasse: ....

Wohnort: ....

Hauptberuf: ....

Interessen: ....

Wo hält er / sie sich auf: ....

Das sind seine / ihre Bedürfnisse: ....

So spreche ich ihn / sie an: ....

....

Maßnahmen zur Erreichung meiner Ziele

Verkaufsgespräche führen:

Gesamtzahl Soll: ....

Wie viele Jahre gebe ich mir dafür: ....

    = Gespräche pro Jahr: ....

    = Gespräche pro Monat: ....

    = Gespräche pro Woche: ....

    = Gespräche pro Tag: ....

Sponsorgespräche führen:

Gesamtzahl Soll: ....

Wie viele Jahre gebe ich mir dafür: ....

    = Gespräche pro Jahr: ....

    = Gespräche pro Monat: ....

    = Gespräche pro Woche: ....

    = Gespräche pro Tag: ....

www.ingramcontent.com/pod-product-compliance
Lightning Source LLC
Chambersburg PA
CBHW070407200326
41518CB00011B/2094